神住宿

超值星級體驗，
精選全台13間寺廟、教會

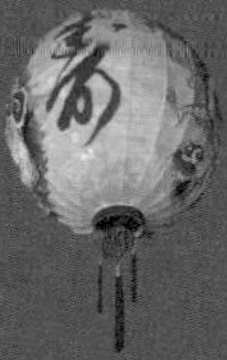

943——著

自序

到台灣寺廟或教會住一晚，其實也是件令人期待的事

住遍國內外飯店卻覺得大同小異？受疫情影響不能出國，想踏青散心卻又想多存點錢嗎？

943身為「就是省」，當然也沒忘了幫大家準備超值省錢提案，想要花小錢住到好住宿，最快的方式就是選擇不以營利為目的的宗教團體會館。像是我之前寫過的全台香客大樓精選《來去寺廟住一晚》，超值平價、安靜舒適，通常位在風景絕佳和有豐富芬多精的地方，成了小資旅行的首選。

千萬別以為「香客大樓」就是印象中，進香團阿公阿嬤睡的那種舊舊、暗暗的上下鋪，近年拜民宿向飯店看齊的趨勢所賜，新建的宗教住宿大多具有民宿或旅館級的裝潢

和設備，其中有些斥資數億，將整個住宿空間建造得美侖美奐，有些還成了在地民眾辦喜宴時搶訂的「新娘房」。喜歡幫消費者省錢省力的我，自然也樂得全台跑透透，挖出香客大樓的收費標準，但設備卻是飯店等級的超值好宿和眾人分享。

延續前些年拙作《來去寺廟住一晚》的概念，這次本書精選了全台十三間具有星級飯店規模的寺廟或教會住宿，它們有些是香客大樓，有些是教會活動中心，甚至是與知名醫院特約的健檢度假村。

有些規格完全不輸國際頂級潮旅，或備有與五星級飯店同等級的浴巾或浴袍、感應式沖水馬桶、免費單車、保險箱、行李車等，有的還聘請曾在國際知名連鎖酒店任職過的團隊，有的備有藥浴浴池。有些不但有健身房和游泳池，還附設SPA器材、健檢儀器、泡澡檜木桶和按摩椅，甚至還有近似韓國汗蒸幕的排毒三溫暖烤箱！

擁有度假村般的設施和美景，收費卻是民宿等級，物美價廉，CP值簡直爆表，連我都忍不住讚嘆：「超神的！」

撇開住宿設備不談，有些也早已成為許多網美爭相打卡的熱點，像是被譽為「最美校園」的神學院，有歐式圓柱城堡及高塔鐘樓的教堂，或保佑明星成名的廟等。有些寺廟大殿不但有鋼鐵人、變形金剛等電影英雄鎮守，還有3D地景繪畫藝術，說有多潮，就有多潮。

如果覺得去日本住神社或寺廟令人期待，其實在台灣人住寺廟或教會也能超酷、超有哏，尤其與神佛比鄰而居是不少人尋求心靈寧靜之餘，沾財氣、求姻緣、增福慧的新方式，有些人甚至覺得在眾神庇佑下，睡得特別安穩呢！又或者，到風光明媚的郊外走走，和上天與內心說說話，也是沉靜心靈的好方法。

旅行抒壓不但不用花大錢，還能淨化身心靈，想要聰明消費嗎？就到本書嚴選的「神住宿」一起「與神同住」吧！

享美景

遠塵囂

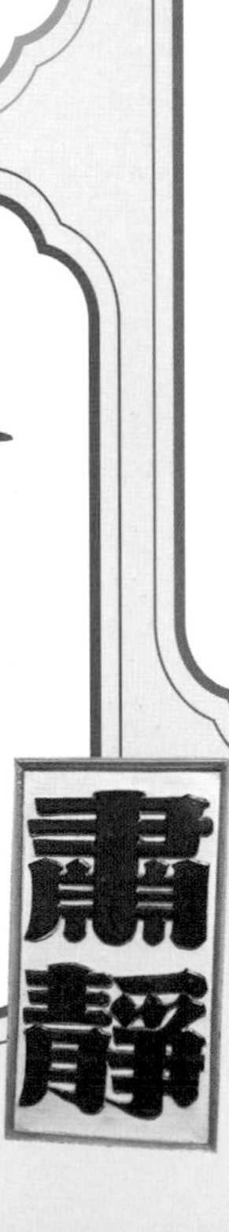

好超值

滌身心

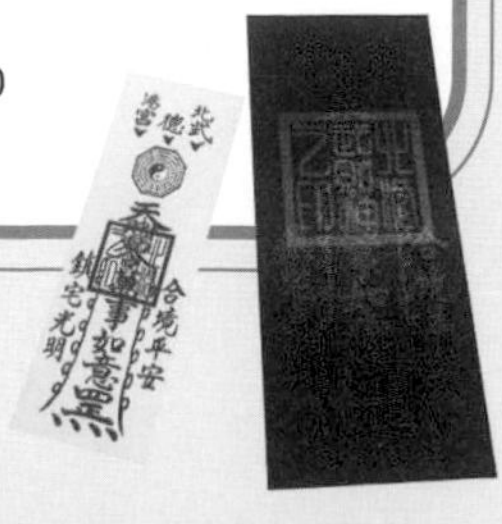

附錄

享美景

入住位在山明水秀的神住宿，

沉澱心靈又能享受大自然的洗禮！

GO TO 台北 TRAVEL

指南宮

俯瞰大台北

指南宮位於台北市南緣木柵山區，首建於西元一八九〇年，供奉呂仙祖，也就是八仙過海故事中的呂洞賓。貓空纜車通車後，前往貓空喝茶順便參拜指南宮成了一日遊的熱門路線。

這樣就開運

俗稱「仙公廟」的台北指南宮，因「呂仙祖在天庭居於南宮」「濟世度人必須要指南針」之意，故得名為指南宮。最早為清領時期淡水知縣王斌林一八八二年來台履任時，將呂仙祖神像迎至台北艋舺玉清齋，後來艋舺及景美一帶發生瘟疫，當地士紳便將素有「道醫」之稱的仙祖請至除瘟解厄。

瘟疫平息後，地方信眾感念神恩，決議建廟，並選定於現址的猴山坑開基濟世，於一八九〇年建廟祭祀至今已有一百三十年歷史。

木柵指南宮主要供奉呂仙祖，又名

點石成金

開運招財
抹草
濕紙巾
隨喜添福
吉祥如意
一片20不嫌少
淨身開運
濕紙
輕拭全身
淨身敬神

孚佑帝君、呂純陽祖師或純陽帝君。指南宮融合儒釋道為一體，有祀奉呂仙祖的純陽寶殿，左側殿奉祀城隍爺，偏殿供奉註生娘娘，右側殿則供奉地藏王菩薩。偏殿則為五祖殿神明包括：全真五祖的呂仙祖、王重陽祖師、東華帝君、正陽帝君、劉海蟾祖師。

凌霄寶殿是少見海納完整道教諸神譜系的神殿，包括三清道祖、四御大帝、玉皇上帝、三官大帝、紫微大帝、斗姥元君、東華帝君、王母天尊、三恩主以及相關的護法神明等，還有佛教釋迦牟尼佛、阿彌陀佛、藥師佛與觀音菩薩的大雄寶殿；大成殿則奉祀至聖先師儒家三聖（孔子、孟子、曾子），終年信徒不絕，煙香繚繞，以尊儒崇道為中心，成為道教、佛教、儒教三教合一的宗教聖地。

其中大雄寶殿中有尊重達一千多公斤、融合金、銀等九種金屬鎔鑄而成的釋迦牟尼佛佛像，是由來此參拜過的泰國巴博將軍敬獻、特請泰皇親自開光點眼，於一九七七年贈送給台北指南宮，也是最特別的神像。

這樣好視野

指南宮占地七十二公頃，區內祭祀道教、佛教、儒教的建築分散於山坡上

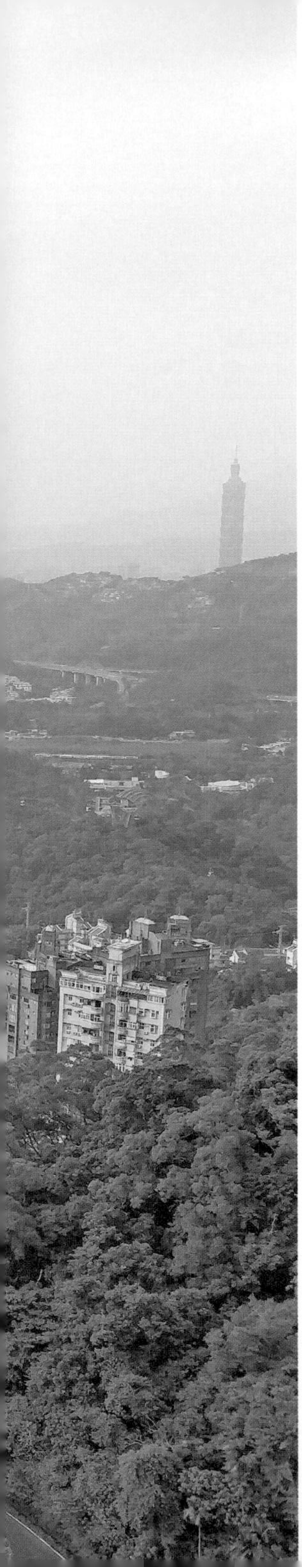

俯瞰大台北，包括凌霄寶殿、大雄寶殿、純陽寶殿等，其中純陽寶殿和凌霄寶殿中間有長廊相連，參拜時能晴雨無阻。指南宮視野遼闊，建議如開車從前山停車場走階梯上來，最好具備不錯的腳力，因為得走一千兩百個階梯，不過登高後遠望台北盆地的美景，也是一大收穫。如不想爬多層階梯，可搭貓空纜車或停在後山停車場，但仍要走些許坡道。指南宮的純陽寶殿特聘早年台灣漳派寺廟木雕大師陳應彬進行重大興建，純陽殿內精緻的木雕就是他晚年的代表作，然而他與指南宮的緣分還不僅於此，晚年他因篤信呂洞賓祖師而長居木柵指南宮。

指南宮香火鼎盛，尤其是假日或祭祀之日，總是人潮不斷。有民間傳說「情侶不可拜呂洞賓」，但廟方表示實際上呂仙祖與何仙姑的歷史年代並不一致，且有一首日治時期的歌謠就曾講述

當時情侶上木柵仙公廟，祈願兩人永浴愛河的情節，足見當時並無此禁忌，也有名人夫婦婚前曾在指南宮約會，兩人不但順利完婚，至今也已攜手半個世紀。

周遭散心路線

貓空纜車

「貓空」的地名源自在地常見的壺穴，因台語用「貓空」來稱呼當地因地質之故，被河流沖刷而成的坑洞，所以從日治時期開始就用這兩字當作地名。

當地山巒起伏，有不少大小茶園，也有登山健行步道，但一般民眾喜愛的輕鬆方式是搭乘貓空纜車上山，並於途中體驗上上下下、九十度大轉彎，以及從

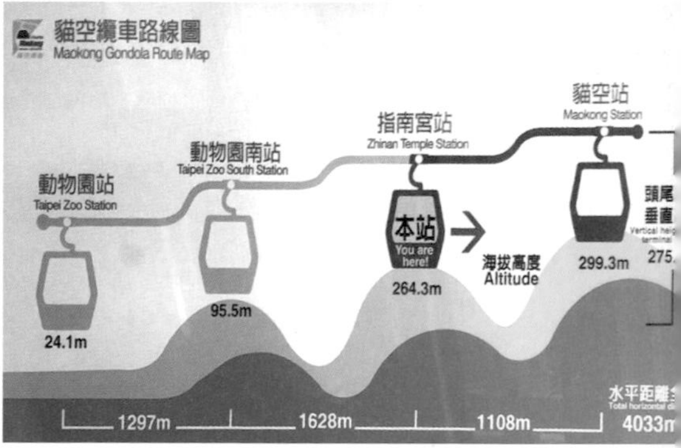

124

這個山頭眺望另一山頭纜車的景緻。全長四公里的貓纜，全線單程大約半個小時左右，是台北市內第一條纜車系統。

若搭乘水晶車廂「貓纜之眼」，則可從透明的車廂地板感受山巒綠樹從腳底飛過的刺激感。每年初春時節，採收冬茶完畢的茶園就會改種魯冰花，滿山遍野鮮黃翠綠並陳的花海，總吸引不少遊客來此賞花。

福源茶廠

位於龍潭的福源茶廠，距離木柵開車只要一個多小時，雖然不是家喻戶曉，但其實大部分的人可能都在電視裡看過，因為這是某知名日式無糖綠茶電視廣告裡的百年老茶廠，直到現在仍有提供原料給知名茶飲。福源茶廠的家傳茶香第一代源自於百年前，至今已經傳到第五代，一開始和其他龍潭客家家庭一樣種植茶葉，從第二代起開始向茶農收購茶葉，到了一九四九年正式建立工廠，紅茶外銷日本，綠茶則銷售至摩洛哥、北非，年產量曾高達一百萬公斤，現在由第五代兄妹接手後，轉型成觀光模式，提供茶葉原料給飲料大廠。茶葉工廠中有很多工序可供遊客參觀，例如剛採收的茶葉經過輸送帶送到二樓散置

散溫，若製作紅茶就先切菁，散熱完畢的茶葉再經過輸送帶去炒菁機炒菁，完畢後再進入「傑克遜式揉捻機」破壞茶葉的細胞組織。揉捻後的茶葉進入「滾筒式乾燥機」乾燥，最後進入「甲種自走式乾燥機」中將茶葉烘乾。參觀完畢後還有小組體驗，例如採茶、揉布球、揉紅茶、磨茶粉等活動，都是只要兩百元就能參觀和ＤＩＹ，體驗簡單但好玩，適合全家大小同行。

龍潭客家景點

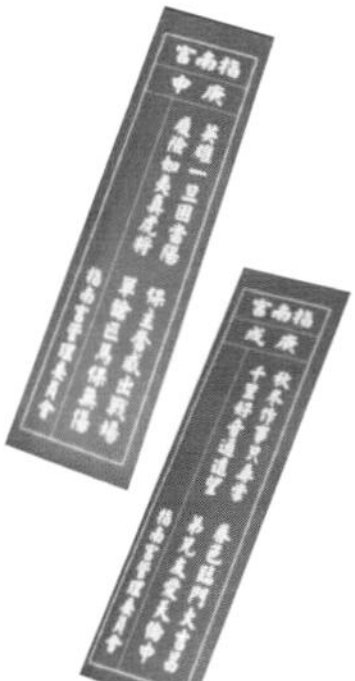

龍潭有許多客家族群，來此體驗客家文化是不可少的行程。例如聖蹟亭，即客家文化中的「敬字亭」「惜字亭」，因古早時代為尊重文化與文字，舊書舊紙不能隨便當成垃圾丟棄，必須集中焚燒，而焚燒後的灰燼就是「聖蹟」，每年還會在造字的倉頡牌位前舉辦將聖蹟用水送走的儀式。最早的龍潭聖蹟亭非常古老，建於清光緒元年（西元一八七五年），現存的聖蹟亭則是後來在一八九二年重建的，但石板上還存有光緒元年的雕刻文字，是目前台灣規模最大、最完整的敬字亭。因為被列為三級古蹟，所以即便現在已經不焚燒舊書了，可是仍有紀念儀式。

若正好碰上假日，也可到三坑老街和張家古

宅青錢第逛逛，三坑老街入口還保存著過去客家人洗衣服的小水道，家家戶戶都來這，邊洗衣服邊交換「情報」，現場還有令人懷念的手壓汲水器。附近的挑擔石板古道則是先民載運貨品（稻穀、檜木、砂石、煤炭等），聯絡三坑子和十一份的道路。鋪設石板不只可以讓人行走，牛車也可以，雖然有點斜度，但長度僅兩百公尺，所以即使是幼童也能行走，既能稍稍運動又能體驗先民的辛勞，適合扶老攜幼一同前往旅遊。

住宿介紹

因應國內民宿興起等風潮，近年香客大樓紛紛改造為套房形式，木柵指南宮也斥資千萬，打造數間套房。

百年古井

三
坑
老

挑擔古道
連接大嵙崁溪水運終站的三坑仔與桃竹苗山線
墾地，多少樟腦、柑橘、茶葉、稻米、蔗糖、煤炭
香茅、雜糧、農具……先民們肩挑手挽，借道於
深深腳痕，依稀猶在，代代客家人的血、汗、淚
長逾百公里的「浪漫台三線」。
雖然荒草蔓延，榮景遠逝，近旁的百年古井，
淙淙，冷冽依舊，可為明證。
後學羅濟巧

附近美食

若搭乘纜車從指南宮站至貓空站，從車站再往上走約五分鐘至指南路三段三十八巷，有幾間可眺望山景和泡茶吃飯的餐廳評價還不錯。例如貓空茶言觀舍有茶油麵線、龍門客棧的茶葉炒飯和烤雞、小木屋茶坊的義大利料理，或是樟樹步道前的春茶鄉白斬雞及台菜等。

或從貓空站往西，沿著指南路三段三十八巷走約三百公尺也有不少茶館，多可在戶外泡茶欣賞夜景，若天氣不錯，還能看到台北101。

大抵說來，台菜適合多人分享，人數比較少可以選擇西式料理。

但與眾不同的是，這裡有具有特別功能的套房——「祈夢房」。入住祈夢房前，需先到純陽寶殿參拜呂仙祖，稟告疑惑，如在夢中曾出現文字或影像，需記錄於廟方準備的紙上，再抽籤請示神明及解夢。

祈夢房每間從單人房到三人套房都有，約可容納一至三人，共有五十八個床位。簡單素雅，有些還有美麗的大台北夜景，供信眾在呂仙祖等眾神庇蔭下，在潛意識的夢境中探索靈感或接受神明指點，也許人生問題的線索就能靈光乍現。另外，位於大雄寶殿下方的百人大通鋪也可供各宮廟團體進香，甚至提供北上參加活動的學校團體住宿，三餐均供素齋，一桌十人湊齊才開桌。

指南宮

臺北市文山區萬壽路115號

（02）2939-9922

www.chih-nan-temple.org

參考網址

交通

搭乘捷運至木柵動物園下車，轉搭貓空纜車至指南宮下車，再步行往迎仙亭方向約十分鐘即可到達。

若開車可從國道3號（北二高）於木柵交流道20公里處下，接國道3甲往木柵方向於萬芳交流道3K處下，再接木柵路四段（106縣道），轉木柵路三段右接木新路一段，過台塑政大加油站左轉道南橋，接指南路二段，往貓空方向行駛指南路三段，左轉指南路三段157巷後沿157巷到底，即是指南宮後山停車場，旁邊是貓空纜車指南宮站。

房型

類型	間數	費用	房內設備	房外設備
1-3人套房	58	$1200元	冷氣、吹風機、衣架	飲水機
大通鋪	1	隨喜	空調	浴室、飲水機

信眾需先行致電預約，並至純陽寶殿「第一受付」登記。入住信眾可至指南宮內「百年齋堂」享用三餐。

訂房

訂房	收費方式	門禁	盥洗備品	攜帶葷食	男女分房	停車場
需預約	開感謝狀	有，進出需用電子感應卡	需自備，或至服務台加購全套用具	不可	有分男眾與女眾祈夢房	可停數百輛車

推薦指數

交通便利度	生活機能度	住宿舒適度	景觀怡人度	接待親切度
★★★ 貓空纜車或開車	★ 廟中素菜齋堂	★★★ 簡單素淨	★★★★★ 俯瞰台北及夜景	★ 建議上班時間聯絡

總評：遠眺台北盆地的熱門旅遊及參拜景點。

GO TO 南投 TRAVEL

三育基督學院橘林客房

神學院內簡樸住宿

三育基督學院位於南投縣魚池鄉，隸屬於美國基督復臨安息日會，在全球各國共有四百多個醫療機構及五千多個教育機構，包含台北的台安醫院。基督學院於一九五一年在新北市新店創立，而在一九七四年搬離鬧區，遷至利於靜修的南投山區。

被木階梯圍繞的以利亞樓是大學部的行政中心，
無論從什麼角度拍攝都有不同的美。

周遭散心路線

三育基督學院是不少電影及偶像劇的拍攝場景，還被譽為「全台灣最美校園」之一。校內共有三條林蔭道路，靠近門口的是哲儒大道及大路旁的小徑，是為了紀念當初帶領學生親手種植整排樹木的高哲儒牧師，小路的前端還立下大石刻字紀念，在籃球場旁還有一條榕樹隧道，也有另一種林蔭小路之美。

信步校園中，便可遠

三育基督學院提供

三育基督學院提供

眺中央山脈，廣大的草地頗有歐美及澳洲公園的感覺，由於景緻太美，有些民眾還會特地買門票進入校園，在陽傘桌椅下放空或談心，盡情享受芬多精的洗禮。

住宿介紹

神學院設有神學系、音樂系、健康促進系等科系，除了大學部以外，校內另有高中、國中部，皆為全英語國際學校（國一至高三）。正申請改名為「博雅國際實驗大學」。

校園內有數個地點開放一般民眾租借及住宿，例如原本的小學在少子化

三育基督學院提供

三育基督學院提供

後，改建校舍而成的「橘林客房」、寒暑假學生放假回家時，可以外租的學生宿舍、小白宮套房，以及草坪露營區。學校場地亦可外借，包括教室、球場、營火場、教堂婚禮、校園拍攝婚紗等。二〇一九年下半年才剛整修完工，內部裝潢煥然一新。

學生宿舍在寒暑假空出時無空調，四人上下鋪雅房一間一千四百元，小白宮為簡單套房，一間兩千元不含餐。橘林客房亦為上下鋪雅房，四人房兩千元、八人房四千元、十人房五千元，不分平日或假日價。

橘林客房旁的草坪可露營，需自備

露營帳篷等用具，有衛浴設備及洗手台，學齡以上每人使用費為兩百三十元，幼兒每人一百元。由於是神學院，需入境隨俗，謹守宗教戒律，嚴禁住客在校區內烹煮食物、烤肉、抽菸、喝含酒精成分飲料及播放熱門流行音樂。在以上四個房型住宿還可以額外自費訂餐，餐點內容為遵守基督復臨安息日會的蛋奶健康素食（但含有蔥、薑、蒜），若需全素也可以事先提出，早餐每人六十元、中餐八十五元，晚餐七十元，學齡以下幼童半價，除導盲犬外，禁止攜帶寵物進入餐廳。

通常一個鄉鎮只要有一條「綠色隧道」就非常了不起了，但三育校園內擁有好幾條很殺記憶體的林蔭步道，值得尋幽訪勝。三育基督學院校園占地五十二公頃，校園內除了草地就是綠樹走廊，在台灣校園中算是數一數二美麗的。而這些樹林都是四十多年前剛遷來南投時，牧師帶著學生一棵一棵種下，到今天都成了蒼勁參天的巨木了。

附近美食

目前還很少遊客知道，其實三育基督學院的烘焙坊是附近民眾的最愛，也有不少人專程開車前往該處買麵包。由於神學院禁止外出，烘焙坊最一開始只負責製作麵包和早餐給學生，但後來因為要求購買的民眾太多，所以開放外面民眾進校園購買。

這些麵包大多是傳教士帶來的正統西式麵包作法，例如肉桂麵包的香氣濃到遠遠就可以聞到，不但比一般市售價格便宜，吃起來味道也不錯，相當難得。另外，全麥吐司、純手工饅頭、起司、藍莓、巧克力等口味的麵包也是附近居民常進校園採購的選項。

哲儒大道

三育基督學院橘林客房

555南投縣魚池鄉瓊文巷 39 號　www.sdatac.org.tw

（049）289-6783（訂房時間：週一至週四 上午8：30至下午5：30）

團體訂房需先繳交50%訂金及第一餐費用，取消或變更人數需於一週前告知。

參考網址

交通

自行開車：國道3號在霧峰交流道接國道6號，在埔里第一出口處下愛蘭交流道後，往埔里或魚池方向接台14線往魚池及日月潭方向，在台21線約56～57公里處左轉，直走入三育基督學院校區內到最底。大眾運輸：搭乘國光號「台北日月潭」車資470元，至魚池三育站，台中出發可搭台灣好行到魚池農會下車。高雄出發可搭客運至埔里再轉車至魚池三育站下車。

房型

類型	間數	清潔費	房內設備	房外設備
學生宿舍4人雅房	50	1400/間	空調、電扇、上下鋪	衛浴、飲水機、簡易備品、吹風機、投幣式洗衣機、脫水機
橘林客房4人雅房	4	2000/間		
橘林客房8人雅房	3	4000/間		
橘林客房10人雅房	2	5000/間		
小白宮雙人套房	2	2000/間	空調、冰箱	
露營	x	小一以上每人$230，幼稚園大中班$100		

另有膳食服務

膳食服務	用餐時間	收費標準
早餐	6:40-7:40	60元
午餐	12:00-12:45	85元
晚餐	17:00-18:00	70元

註：

不分平日或假日價。學生宿舍寒暑假才開放。住宿不含餐點。

學齡以上兒童以成人價計。6歲以下兒童半價。90公分以下兒童免費。請勿攜帶外食及寵物進入餐廳（導盲犬除外）

院內餐廳僅提供蛋奶健康素（含蔥、薑、蒜）。如團訂宗教素，請事先提出。膳食費不折扣。

訂房

訂房	收費方式	門禁	盥洗備品	可否攜帶葷食	男女分房	停車場
需預約	開收據	週日～週五入住時間15:00、退房時間12:00。週六安息日入住時間17:00、退房時間15:00	牙刷、香皂、洗髮精、潤髮乳、沐浴乳、刮鬍刀、梳子、浴帽	禁葷食、禁菸、酒、檳榔、含咖啡因食品	團體入住時男女分房	小客車約十輛

推薦指數

交通便利度	生活機能度	住宿舒適度	景觀怡人度	接待親切度
★★ 客運或開車	★★★ 校內餐廳	★★★ 簡約樸素	★★★★★ 風景優美、視野遼闊	★★★★ 親切友善

總評：在全台最美校園的神學院中住宿，享受大自然與簡單生活的美好。

GO TO 高雄 TRAVEL

天主教真福山社福文教中心

充滿深山芬多精

和很多出借場地給機關學校舉辦活動的天主教或基督教活動中心一樣，真福山社福文教中心像是一個設備齊全，但又沒有過度濃厚宗教色彩的活動地點與靈修聖地，不少單位都選擇前來此地舉辦活動。到山間「森」呼吸，在清新的空氣中體驗寧靜、淨化心靈，十分享受。

希望來訪者獲得幸福

真福山的「真福」兩字典故，得名於福音中的「真福八端」。

「真福八端」被譽為「天國憲章」或「天國宣言」，也就是天主教的基本精神。長廊懸掛著寫著真福八端的書法，字體端正圓潤：「為義受迫害的人有福了，因為天國是他們的。」「飢渴慕義的人有福了，因為他們要得飽飫。」……期望來訪者都

保祐 平安喜樂
202

能真正得到幸福。

真福山社福文教中心是台灣第一位天主教樞機主教單國璽先生，在一九九〇年代初年任高雄教區主教時，為實現天主教服務南部地區的目標，立志興建社福文教中心。千禧年時得到教宗若望保祿二世的降福後，終於在二〇一〇年，將多年來的努力付諸實現。

期間經過十餘年的奔波募資、七年的環境評估及建造期，包括颱風沖毀杉林大橋等衝擊，才在高雄杉林區山崗

單國璽樞機的銅像下方以名書法家歐豪年的字「活出愛」，紀念單樞機一生奉獻的精神。單樞機剛得知罹患肺腺癌時，也曾不解「為何是自己？」但後來他體悟到：「為何不是我？」欣然接受了生命的挑戰。

上，克服萬難的完成了第一期工程，總工程費用約為四億元，其中各界募款包括教宗若望保祿二世捐獻一千五百萬元，以及佛光山信眾共同集資捐獻五百萬元，未來規畫興建安養院、育幼院等，目前則是為提升教會內外人士精神生活而設立的文教活動中心，為教友及民眾提供研習、課程、會議、避靜等活動的住宿及用餐服務。

這樣好靜心

遠眺玉山支脈、位在楠梓仙溪上游山區的真福山園區內，矗立著宛如歐式圓柱城堡及高塔鐘樓的教堂，還有遠從法國請來的露德聖母巖聖像、有機植物園、生態池、景觀台、大草坪、親山步道。其中大聖堂極簡的建築外觀，不僅具備建築大師柯比意廊香教堂的概念，內部也融合了東西方藝術，在祭壇後方默默立著二十三片描繪聖經故事的窯燒彩繪玻璃，座位四周懸掛著東方風格

的書法燈籠，訴說著十四幅耶穌受難前的苦路故事的原木版畫。

結合宗教與生態的概念也運用在綠建築上，不但設計引道，收集雨水到高達四百噸的地下筏基水庫，屋頂挑高空間也利用風洞原理將自然風引入室內保持通風，不會過度耗電也能維持室內涼爽。

周遭散心路線

關子嶺溫泉區一直是春季及秋冬的熱門景點，不只是因為關子嶺溫泉是全台唯一的泥漿溫泉，而且還和日本溫泉區十分神似，不用出國也能體驗日本溫泉區的懷舊氛圍。

真福堂大門為鑰匙造型，象徵前往天堂的鑰匙，其中八個圓圈象徵真福八端。

真福堂

不僅溫泉飯店和各式餐廳林立，關子嶺還有很多地方都很適合拍照，像是保存良好的閑雲橋、寶泉橋、嶺頂公園、天梯等，適合週休時，親朋好友或全家一起同遊。

若提到台南的國際級景點，一定不能錯過有「台版迷你亞馬遜雨林」之稱的四草綠色隧道。搭乘膠筏，優遊在大眾廟後方的水道，一面聆聽導覽人員解說紅樹林、招潮蟹、彈塗魚、大白鷺等在地生態，一面欣賞四周幽靜的景緻，偶爾還得閃躲兩旁樹枝的刺激感，十分有趣，船長還會停在最合適的拍照點，方便遊客拍攝綠色隧道。雖然只有三十分鐘的遊程，但與紅樹林及生物如此靠近，林相又完整美麗，比起不少東南亞知名景點的遊船，綠色隧道的生態體驗可說是有過之而無不及。

住宿介紹

真福山社福文教中心設有可容納多達三百多人住宿的各種套房，包括八十五間雙人房、二十八間和室套房，還有七間包含一房一廳的貴賓套房。房內皆使用防焰窗簾、地毯等建材，設計

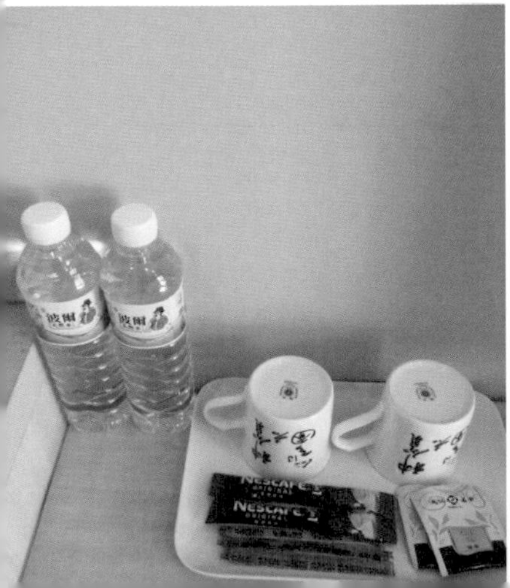
波爾
波爾
NESCAFÉ
NESCAFÉ

簡單大方、明亮乾淨，各層樓都有交誼廳空間，並設有沙發及讀書區。

每間房間象徵性的標示曾參與募捐的善心人士，例如，曾與單國璽樞機一同舉辦講座的星雲大師、母親為天主教徒的前高鐵董事長殷琪等人。住宿不限教友，非常歡迎各界及家庭入住，就連其他宗教團體也會來真福山舉辦活動，這也是文教中心期待實現服務社會各界的

精神。

「真福生活體驗——活出愛」活動曾入選內政部二〇一三年「五大樂活體驗」及二〇一七年「十大宗教樂活體驗行程」，不少造訪此天主教至聖之地的人，都能在靜謐山林及晨禱晚鐘的靈性洗禮下，體驗天主的慈愛。

園區設備除了可容納兩百人望彌撒的大小聖堂、單國璽樞機主教文物陳列館，還有四間小型會議室、兩間中型會議室，以及可支援四國語言同步翻譯的兩百人國際會議廳。

餐廳提供有機餐點，二〇一三年還曾得過高雄市政府安全衛生優等獎。早餐為自助式，午晚餐一桌十人，也可五人以下半桌，如欲用膳需提早預訂。

附近美食

距離杉林區不遠的烏山風景區是在地人才知道的私房景點，像是南化區有幾間可以一面用餐，一面遠眺美景的園藝景觀餐廳，例如烏山咖啡跟香榭彎咖啡，都有獨特的庭園造景，而前者賣小火鍋和手工咖啡，後者則是供應簡餐及甜點，視野極佳又清幽。

天主教真福山社福文教中心

高雄市杉林區杉林里合森巷160號

（07）677-2345

www.mtbeatitude.org.tw

參考網址

交通

若開車從台南方向，可走南化南179鄉道和高129鄉道，過杉林大橋 10.9K處左轉上山。若從國道10號，可從往甲仙方向於台29線 51.2K處接高129鄉道。

若搭高鐵可從台南歸仁站搭乘高雄客運8042至旗山轉運站，或從高鐵左營站搭乘旗美快捷至旗山轉運站。從旗山轉運站轉搭客運8026至真福山站下車後步行上山，腳程約15分鐘。

房型

類型	間數	費用	房內設備	房外設備
雙人房（兩小床）	85	清潔費用逕洽	冷氣、電視、毛巾、礦泉水、咖啡、茶包、馬克杯、刮鬍刀、浴帽、香皂、沐浴乳、洗髮精、牙刷、吹風機、電話、衣櫥、衣架、桌椅、衛生紙	飲水機、電梯、交誼廳
和室通鋪四人套房	28			
貴賓雙人套房	7		設備同上，另有電熱水瓶	

訂房

訂房	收費方式	門禁	盥洗備品	攜帶葷食	男女分房	停車場
需預約	開收據	晚上6點，若團體入住可延後	有	可，但禁菸	無規定	上百輛小客車

推薦指數

交通便利度	生活機能度	住宿舒適度	景觀怡人度	接待親切度
★★★ 客運或開車	★★★ 中心內部有餐廳	★★★★★ 明亮舒適	★★★★★ 山景靜謐環境優美	★★★★ 客氣有禮

總評：群山環抱、環境靜謐優美、適合舒緩壓力的活動中心。

GO TO 高雄 TRAVEL

內門紫竹寺至善會館

飯店規格的全新香客大樓

依飯店規格建造經營、每三個月定期粉刷一次，感覺比飯店還要新的至善會館，如果不是位在內門紫竹寺旁，很難和傳統香客大樓聯想在一起。內門紫竹寺位於高雄內門區，鄰近台南交界處，北臨台南左鎮區、龍崎區，南有高雄旗山、田寮。位處182縣道旁、內門區山間，可遠眺附近的環山群峰，遠離市區塵囂，附近更是壽山動物園預定新址，是假日踏青的好所在。

這樣就開運

內門紫竹寺歷史悠久，相傳鄭成功來台後，不少漢人帶著原鄉的觀音神像移居內門，其中有郭家四兄弟奉迎三尊佛祖渡海來台，並在內門落腳，其中第四子郭元興在內門中埔番子路家中供奉三佛祖，據傳雍正十年某日，香爐不翼而飛，遍尋不著，數日後竟在附近，也就是內門紫竹寺現址的石榴樹三叉樹枝上發現，且香火未熄。神奇的是香爐請回後，竟然又一而再、再而三的出現在石榴

樹上，民眾議論紛紛，請示神意後，將石榴樹做為建廟之地，由鄉民集資興建，隔年（一七三三年）內門紫竹寺完工，屢次神祕移位的香爐和三叉樹枝至今仍在紫竹寺殿內。

超過三百年歷史的紫竹寺累積不少信眾，尤其過年期間更是人潮洶湧，朝拜香客絡繹不絕。紫竹寺的主神為觀音佛祖，並祀奉文昌帝君、釋迦牟尼、地藏王菩薩、城隍爺、福德正神、太歲星君、十八羅漢、善才公、良女媽、武功尊王、韋馱菩薩、虎爺公等神明。每逢節日就有不少民眾上山點光明燈或求籤，其藥籤還分為「成人科」一百二十首籤詩、六十首「小兒科」與八十五首「眼科」籤詩，而二十餘首運籤也是與台

超過三百年歷史的紫竹寺累積不少信眾。

灣大部分寺廟採用的雷雨師一百籤及六十甲子籤內容完全不同的七言絕句，相當獨特。

這樣好熱鬧

熟悉在地文化的人就知道，內門的地方特色是宋江陣和總鋪師的故鄉，每年三、四月都會舉辦宋江陣的陣頭比賽和總鋪師辦桌宴席，總是熱鬧滾滾，宛如宗教嘉年華。

原來內門在三百年前舊

名為「羅漢門」，傳說鄭成功的兵將在此屯守與原住民的邊界，習武的傳統流傳下來後，就發展出猶如《水滸傳》裡梁山泊一〇八條好漢之首「宋江」的陣式。

而廟會慶典總要辦桌請客，再加上內門地區群山環抱、耕種不易，因此當地居民多半從事總鋪師的行業外出謀生也因而出名，成了內門的獨有特色。

周遭散心路線

要自外縣市到內門，從台南火車站出入較為方便。內門區附近有幾個近年才剛開幕就頗受好評的人氣景點，包括山上水道博物館和左鎮化石博物館。若為自駕，還可以一路玩到與內門共享月世界奇景的台南龍崎牛埔農塘及水土保持教學園區。

花園水道博物館原是日治時期用來進行自來水潔淨工程的場域。

臺南山上花園
水道博物館

過濾原水

13
12

山上花園水道博物館

位於山上區的花園水道博物館原是日治時期用來進行自來水潔淨工程的場域，完工於一九二二年，負責供給台南市中心、安平及永康地區的用水。

後來因鄰近烏山頭水庫、曾文水庫等工程陸續完工，便於一九八二年功成身退。

在二〇〇五年被列為國定古蹟，近年經過台南市政府斥資近四億元修復後，於二〇一九年雙十連假時開放，還因好評不斷而創下四天造訪人次達十二萬人的紀錄。

目前平日人潮並不擁擠，但雄偉巨大的自來水設施以及深入淺出的互動展示設計，在假日依舊是遊客如織的人氣景點。

水道博物館區目前分為A館「快濾池室」、B館「快濾筒室／辦公室」及C館「送出唧筒室」。

淨水池區則包含「淨水池」「量水器室」「淨水池步道」及附近蝙蝠洞生態等，若計入緊鄰的山上苗圃，園區總共占地三十六公頃，綠意盎然、視野遼闊，夏天還有戲水池，保存完整的古蹟建築及古色古香的巨大淨水設施值得一覽，非常適合全家大小郊遊踏青，也非常具有歷史文化及生態教育意義。

左鎮化石園區

另一個則是在二〇一九年甫開幕就造成轟動的景點——左鎮化石園區及博物館。

原本只是一棟小小的建築，經過擴建後，成為全國唯一的化石主題園區以及台灣化石收藏量最豐富的博物館，像是教科書才見過的古代猛瑪象、古鹿、劍齒象、鱷魚，以及各種海底及陸地的生物化石、鎮館之寶「早坂中國犀」復骨架，全館收藏品總計多達四千多件，豐富的館藏值得細細觀看。

化石博物館也不只是單純展示而已，還有不少生動有趣的小遊戲，例

如與化石互動、合照，虛擬實境科技讓人能更快速的吸收科學知識，一家老小也都可以樂在其中。

台南龍崎牛埔農塘及水土保持教學園區

大家對月世界的印象就是位在高雄，但其實月世界地形位在台南和高雄交界處，很少人從台南這端觀看月世界。

若沿著指標開車，會經過各個停駐點，能以遠、中、近等不同距離欣賞泥岩惡地景觀之美，其中又以大峽谷、小玉山和草山夕陽等地點最受歡迎。而

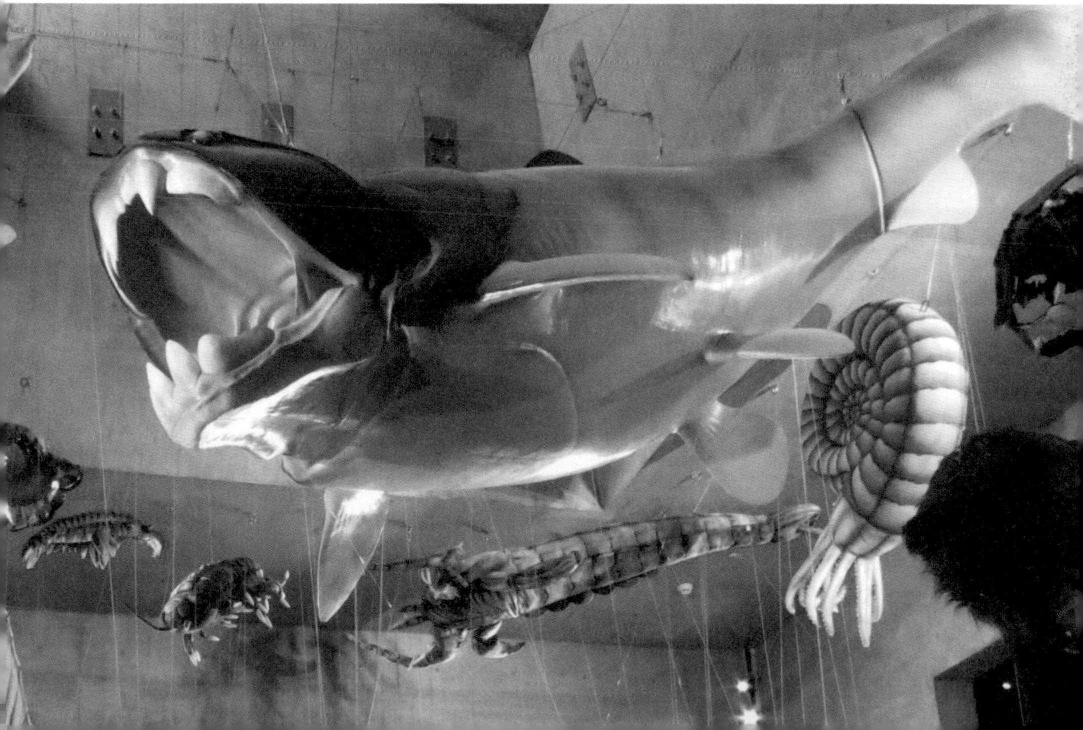

附近同樣位於台南高雄交界的龍崎掩埋場，一度因白堊地形土質鬆軟、不利水土保持而聲名大噪，此處也曾是清代台陽八景之一的「雁門煙雨」之點，意即時常煙雨濛濛，行車經過時，不妨停下來欣賞。台南這端還有寓教於樂的牛埔農塘和緊鄰在旁的水土保持教學園區，是農委會水土保持局興建的集水示範區，南台灣的泥岩惡地景觀，範圍橫跨台南左鎮、龍崎以及高雄內門、田寮和燕巢一帶，因平時看似堅硬，一遇水就會鬆軟易蝕，經年累月雨水沖刷之下，各種崎嶇斷崖、削尖脊梁和光禿禿的險惡地形成了一大特色。

龍崎區內的「牛埔農塘」，又名「牛埔泥岩水土保持教學園區」，實地展示了多種生態工法，落實水土保持，讓原本寸草難生的惡地轉化成林木扶疏的小綠洲，並設置健走步道和多座涼亭。園區內的「夢幻湖」以泥岩惡地為背景，山影映入湖中，如詩畫般的景緻，吸引不少民眾前往拍攝。

牛埔泥岩水土保持教學園區非常適合散步和親子遊，也可以增進和水土保持有關的知識。例如「水土保持草類觀察區」有各種抓地力不同的植物，上面設有灑水裝置，可以讓民眾就近觀察在下雨時，不同種植物的土壤流失差異。

園區免費參觀，吸引許多愛好攝影與生態的遊客到此一遊。

牛埔泥岩
水土保持教學園區
Neopu Mudstone Area
Soil and Water Conservation Park

住宿介紹

內門紫竹寺至善會館樓高五層，斥資兩億興建，二〇一八年四月才剛舉行完工典禮，非常新穎，如果不是位在內門紫竹寺旁，很難和傳統香客大樓聯想在一起。

最大特色就是建造之初，從裝潢到寢具都是依飯店規格興建規畫，營運初期還曾與鄰近的實踐大學產學合作，以飯店專業模式經營香客大樓。

目前的經營團隊也是聘請實踐大學相關科系畢業，並曾於澳門英皇酒店工作的專業人才回台領軍，期望以國際經驗與旅館級專業訓練的清潔勤務人員為旅客服務。

房間採光非常好，夜晚也十分靜謐。為了

巴黎時間
雪梨時間
台灣時間
東京時間

保持外觀的新穎感，經營團隊不惜成本，堅持每三個月定期粉刷，就是為了維持住宿空間的清潔感，期望無論在設施或服務都有星級飯店水準。房價還包含個人早餐，品項與一般早餐店類似，有漢堡、吐司、蛋餅等可自由選擇，入住時記得事先預訂。紫竹寺旁的小吃大約會在下午五點打烊，過五點後若要用餐，可以到附近的7-11和全家兩間超商，團體可向廟方訂餐。

附近美食

左鎮平埔族美食館是左鎮區小有名氣的山產餐廳，位在台20線省道上。
招牌菜有蒜香烤雞和藥膳燜燒雞（鋼管雞），其中蒜頭烤雞不油不柴又多汁，相當下飯，雨來菇、竹筍、過貓、山蘇等炒時蔬與溪蝦等味道也不差。
老闆很有個性，假日欲前往西拉雅國家風景區的過路用餐客人不少，最好預先訂位為宜。

內門紫竹寺至善會館

高雄市內門區觀亭里中正路115巷18號之5　http://www.nmzizhusi.org.tw/

（07）667-1603、（07）667-1606（8:00-17:00）　（07）667-4585（傳真號碼）

交通

參考網址

內門距離台南較近，從台南火車站搭國光號客運8050路線往旗山方向，到內門農會站（觀光亭下一站）下車，車程大約一小時。全票106元，半票53元。

或搭高雄客運8035旗山至南化或內門線，從旗山轉運站或南化加油站到內門農會站下車。全票26元，半票13元。

若從台南高鐵站租車，可走台28線轉182縣道進入內門區。

房型

類型	間數	清潔費	房內設備	房外設備
雙人房（兩床）	24	平日1600 假日2000	冷氣、衣櫥、衣架、桌椅、掛勾、保險箱、紙拖鞋、電水壺、吹風機、衛生紙、房內免費Wi-Fi、咖啡、茶包、礦泉水、浴室腳踏布	飲水機、電梯
三人房（三床）	14	平日1800 假日2300		
四人房（四床）	11	平日2000 假日2500		

均含早餐，入住時預訂。無法加床。

訂房

訂房	收費方式	門禁	盥洗備品	攜帶葷食	男女分房	停車場
需預約	開感謝狀	下午3～6點入住，11點退房，假日無門禁	牙刷、香皂、洗髮精、沐浴乳、刮鬍刀、梳子、浴帽	禁菸、禁帶寵物	無特別要求	門前20個小客車停車位及周邊其他停車場

推薦指數

交通便利度	生活機能度	住宿舒適度	景觀怡人度	接待親切度
★★ 客運或開車	★★★ 廟旁小吃及超商	★★★★★ 舒適乾淨新穎	★★★★★ 風景優美、群山環抱	★★★★★ 人員禮貌親切

總評：採光極好又新穎的飯店規格住宿。

遠塵囂

遠離塵囂，投入大自然的懷抱，

給自己好好放空的自由假期！

三芝八仙宮

・近白沙灣、遠眺海景・

三芝八仙宮位於新北市三芝區白沙灣與淺水灣之間，距離台灣最北的富貴角燈塔也僅約六公里之遙，南往淡水不到二十公里。可從台北市區遠離塵囂到此小歇，遠眺台灣海峽及大屯山，四周土地多半尚未開發，人煙稀少、十分寧靜。

這樣就開運

八仙宮是全台少數以李鐵拐仙祖為主神的八仙廟，最早起源於清末時期，三芝區新庄村番社后幾位村民在海邊撈捕鰻苗時，撿到木盒內有一塊木頭與龍銀，經請示才知原來是「李仙祖鐵拐」（凝陽帝君），故供奉在閣樓祭祀。多年後，子孫整修房屋時，一度被誤認為是廢棄物而傾倒於大海，但木頭最後卻又自行漂流回岸。

西元一九七三年中秋後某日，又被同一江姓家族後人從海灘撿拾回來，且木塊像是有神力般，立於掌中，怎麼甩都甩不掉，令村民嘖嘖稱奇。

此後因神蹟不少，祭祀人潮漸漸興盛，神明降乩指示立像並選地建廟，經地主無償獻地及多年集資籌建，於新址興建完成八仙宮。

三芝八仙宮正殿奉祀凝陽帝君李鐵拐仙祖，前方並有多尊從泉州迎回的百年八仙神像，包括鍾離權、呂洞賓、張果老、曹國舅、韓湘子、藍采和，以及南極仙翁。李仙祖右方供奉何瓊仙姑，左方為呂仙祖。左殿祭祀觀音佛祖及道教諸神，如：瑤池金母、順天聖母、濟公禪師、九天娘娘、太子元帥、太歲星

君。右殿則有天官武財神、斗姆元君、李仙祖、福德正神、太子元帥、水府楊元帥。八仙宮同時也是不少電視戲劇節目拍攝取材的場景，原因始自九〇年代知名演員金超群，因當時運途不順，前往八仙宮問事，神明指示將會飛黃騰達，果然不久後就接演華視大戲《包青天》而家喻戶曉，還被譽為「包公專業戶」，紅遍半邊天。此後藝人口耳相傳，眾多八仙加持神蹟，進香人潮絡繹不絕，白冰冰、郭美珠、苗可麗等明星或政商名人近日也常回訪。現在宮內還可以看到金超群等人敬獻廟門、何仙姑供桌的署名。

恭祝
香火鼎盛

這樣好舒心

八仙宮內部彷彿木雕藝術宮殿，從藻井、吊筒、豎材、托木到斗栱，都是當時選用至今已稀少珍貴的紅豆杉雕成，做工細緻生動，值得細細欣賞。有意思的是，預訂各部分建材時，並沒有事先設定尺寸，但運回台灣組裝時，大小卻都剛好合適，全數鑲嵌、分毫不差。

相傳李鐵拐仙祖為八仙之首，原本是儀表堂堂、專精藥理的美男子，某日為赴太上老君之約，囑咐徒弟若七日未歸，才可火化肉身，但弟子母親病重急著返鄉，第六日就將師父的軀體焚化。李仙祖返回人間後找不到軀體，便依附在剛死不久的乞丐身體還魂，從此以後，風度翩翩的書生形象轉為蓬頭垢面、衣不蔽體的跛足大仙。但不執著於外相的李仙祖也因此際遇而特別體恤貧苦病弱，宮內不但提供免費茶水糖點，問事禮儀只收工本費用，也定期舉辦義診、清寒獎助金等活動。

三芝區位處台北近郊，適合遠離水泥森林就近散心，或是在櫻花季、筊白筍季、野柳淨港文化季、北海岸國際風箏節、金山萬里溫泉季時，都適合到此參拜甚至住宿。廟宇後山小丘不但可以遠眺看海，百年大榕樹下彷彿也可見八仙正齊聚下棋、在樹蔭下石桌泡茶聊天，欣賞日落，俗慮塵懷，爽然頓釋。

周遭散心路線

三芝八仙宮旁、淺水灣和白沙灣間新規畫一條連結各大觀景亮點的雙灣自行車道，沿途可見藻礁、礫石、石滬等無敵海景。附近有造型極簡優美的台灣最北燈塔富貴角、每年清明至端午間才看得到的老梅綠石槽美景，和遊客如織的富基漁港。白沙灣旁曾為軍事用地的「極北藍點」也是看海的人氣咖啡店。

住宿介紹

八仙宮因李鐵拐仙祖服務濟眾的精神，故特別歡迎散客及背包客。大殿旁二樓共有六間啟用六年的廂房，包括四間套房和兩間雅房，以及交誼廳、茶水間及共用衛浴各一間。雖無電梯，但有免費Wi-Fi網路。一般週休假日建議提早至少一週預約，以免客滿，若是連假，建議最少提早半個月以上預訂，若逢宮內法會期間（農曆四月初二至初八）則不對外開放。因周遭環境清幽，遠離市街，若要用餐或採買用品，建議入住前先到三芝市區的小吃、餐廳和超商買妥。

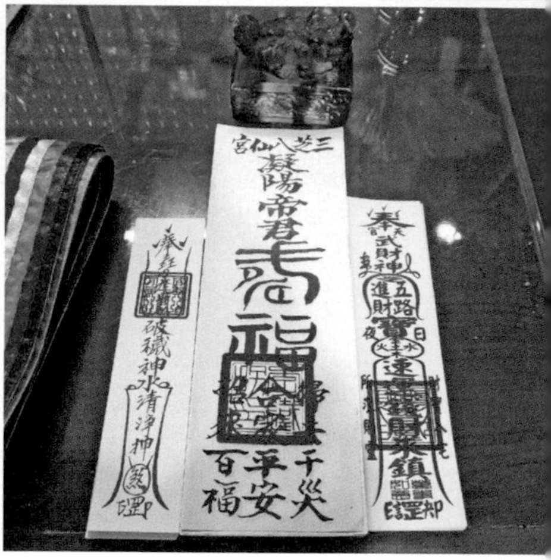

附近美食

三芝區因位處濱海，地理位置十分接近台北市，又有白沙灣等知名景點，向來都是度假聖地。此地美食多以異國餐廳著稱，例如近年開設多家分店的「馬友友印度廚房」在淺水灣也有設點，台灣人也普遍都能接受店裡各種咖哩口味，口碑不差。三芝區雖無大型市集，但也可就近在路邊店家採買茭白筍、蕃薯、綠竹筍等當地土產。

三芝八仙宮

新北市三芝區新庄里番社后31之1號

（02）2636-0743（須於上班時間內撥打）

basiangong.com

參考網址

交通

開車較為方便，從台北方向過竹圍和紅樹林捷運站後，走台2線，經聖約翰大學和淺水灣山莊後，遇岔路走左邊車新路，再遇岔路時左轉番社路即達。

若搭大眾運輸需從捷運淡水站轉搭淡水客運到三芝站下車，再從隔壁三芝農會二號倉庫候車亭，搭固定班次的三芝區公所免費巴士F138新古庄線至八仙宮站下。

房型

類型	間數	清潔費	房內設備	房外設備
雙人套房（一大床）	2	$1500元	冷氣、電視、衣櫥、衣架、桌椅、掛勾、拖鞋、衛生紙、沐浴乳、洗髮精、礦泉水	免費Wi-Fi、洗衣機、脫水機、吹風機可向櫃台借用、茶水間、交誼廳
五人套房（二大一小床）	2	$2000元		
四人通鋪雅房	1	$1200元		共用衛浴一間、免費Wi-Fi、洗衣機、脫水機 、吹風機可向櫃台借用、茶水間、交誼廳
五人通鋪雅房	1	$1500元		

訂房

訂房	收費方式	門禁	盥洗備品	攜帶葷食	男女分房	停車場
需預約	櫃台開感謝狀或投香油箱	晚上6點前入住、晚上8點門禁	有	不限制	無特別要求	20輛小客車

推薦指數

交通便利度	生活機能度	住宿舒適度	景觀怡人度	接待親切度
★ 自駕較方便	★ 入住前最好先採買所需用品	★★★★ 乾淨新穎	★★★★★ 近白沙灣，可遠眺海邊泡茶	★★★★ 和氣親切

總評：位在新北近郊的清幽寺廟住宿。

GO TO 台中 TRAVEL

無極三清總道院

鄰大甲的簡單住宿

無極三清總道院位於台中縣外埔鄉水美村山坡，緊鄰海線大甲車站僅約七分鐘車程。因寺廟室內面積高達七千五百坪，廟觀面積高達六甲八分，神像巨大宏偉，又採用先進的懸吊式建築技術，許多遊覽車都會停靠在此，供遊客參拜，廟內也提供免費小吃與各界結緣。

特殊建築工法

無極三清總道院原名「中原紫雲禪寺」，早年由當地信眾輪流供奉三清道祖、南海觀音大士及濟公仙佛，由於十分靈驗，一九八八年以簡單草屋的形式，成立了不到二十坪大的「紫雲禪寺」。

此後神佛指示以風箏掉落處做為新廟建設地點，熱心信徒買下土地後捐贈為廟地，再匯集各界捐獻，於一九九五年奠基動土，耗資三十五億餘元，二〇〇

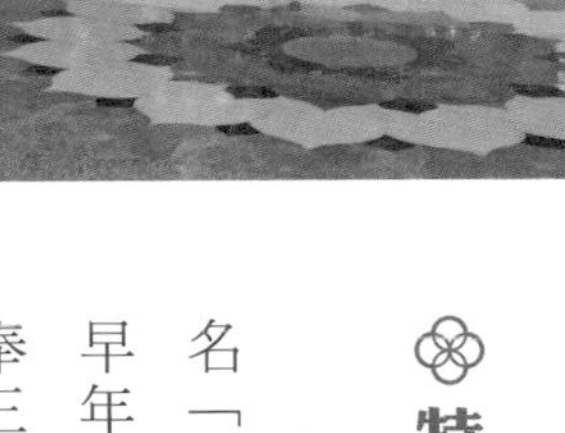

一年大致興建完成後，更名為「無極三清總道院」，也是全國寺廟占地最廣的廟殿。目前三樓尚有部分持續興建中，在一樓大殿設櫃召募捐獻建廟基金。

其中六樓觀音大殿採用懸吊式工法，歷時十餘年才完工，全殿占地六百坪但全無廟柱支撐。屋頂使用鈦金打造，廟宇牆壁使用長沙石，牆面裝飾也別出心裁採用石磨粉調製的鮮豔色料，請名家到現場彩繪神明故事，技法跳脫一般寺廟風格，新穎又特別。

三樓

大殿三清道祖金尊背後還有一幅來自知名藝術家之手，毛榮海大師所創作的亞洲最大銅雕壁畫「松鶴山水圖」，吸引不少香客特地前來參觀朝聖，進而成為觀光勝地，香客絡繹不絕。

這樣就開運

一樓大殿供奉太上道祖道德大天尊、靈寶大天尊、

元始大天尊，右側供奉太上老君、玄天上帝、觀音菩薩、齊天大聖。

左側奉祀李府大王、何仙姑、靖姑娘娘、福德正神。三樓大殿為道教諸天界中，地位最高的三清道祖巨型神像，高約五．六公尺，重達二十五噸，號稱全台最大室內神像。

其中，此殿還有道德天尊的坐騎——獨角青牛的大型雕塑，因民間相傳神牛能帶來福氣，不少參拜民眾都會來摸牛討吉利，各個部位還有不同的吉祥語，例如：「摸牛頭，每年買大樓」「摸牛角，賺錢穩達達」「摸牛耳，賺錢賺未離」「摸牛頸，賺錢強強滾」「摸牛鼻，身體健康吃百二」「摸牛鼻孔，賺錢用不空」「摸牛嘴，子孫大富貴」「摸牛背，金銀財寶滿大廳」。

六樓供奉大殿南海觀音大士、九天玄女、濟公菩薩，其中觀音佛祖巨型神像重達二十八公噸。

左側為財神殿，以及供遊客觸摸，祈求招財進寶的大元寶；右側為斗母殿，供奉無極斗姥元君、北斗星君、南

斗星君、太歲星君等神祇，殿外視野極廣，可俯瞰大台中平原，晚間也可欣賞夜景。無極三清總道院每日會於一樓大殿提供台灣味素食小吃與各界結緣，全年無休，每日早上七點至下午五點提供鼎邊銼、米苔目、黃梗仔粿、素麵羹、甜粿、仙草冰、麻糬等點心，讓民眾吃平安，每天約有四樣點心，菜色不定期更換。

假日亦有中醫師免費義診，廟方致力於地方低收入戶的社會福利工作，定期舉辦公益救助及各式活動。

周遭散心路線

位於南投縣南豐社區的眉溪部落是少數可以體驗賽德克族生活與文化的地方，由當地族人成立的「原夢餐廳」設有廚藝學校，可以學做原住民美食，還可參加賽德克族傳統家屋導覽，學習原民們利用各種知識，在大自然中生存的智慧。其中最精采的便是賽德克族傳統射箭體驗，李世嘉教練曾在電影《賽德克巴萊》中飾演莫那魯道二兒子，出身自賽德克族的弓箭製作世家，還曾得過世界傳統弓大賽冠軍。在他的指導下，學員們能輕鬆體驗早期原住民狩獵的文化，非常有趣。

住宿介紹

無極三清總道院的住宿為通鋪套房，走廊一側為有窗房，一側為無窗房，設備簡單，大多在和室地板上放置彈簧床墊及加床的被墊，皆有冷氣、電扇和電視，但只提供衛生紙，其餘備品需自行準備。因位處山腰野外，攜帶食物需小心防蟲。值得注意的是，入住不提供鑰匙，外出需自行保管貴重財物，並向管理員借用鑰匙，晚上十點關門並開啟保全系統，外出需注意不要超過門禁時間。因距離大甲鎮瀾宮不遠，媽祖繞境時也很早就客滿，連假建議最少提早半個月以上訂房。

附近美食

大甲火車站附近除了光明路上有裕珍馨旗艦店外，火車站前、大甲鎮瀾宮旁的早市和夜市也有不少美食，例如水煎包、粉腸、肉圓、當歸鴨肉麵線、芋香包、燒餅等，評價都很高，價格也很實惠，全部都在大甲火車站步行可達的距離。

無極三清總道院

台中市外埔區水美里山美路813號

（04）2688-2211

https://wjsan.org.tw/

參考網址

交通

搭乘台鐵海線至大甲車站後，在車站前公車站牌搭93、97、305路至「番子寮」站，車程約七分鐘，下車後往回走即可見到右方蓮花池上方的無極三清總道院，走二崁路接山美路約15分鐘即可到達。若在大甲車站前搭計程車，車資約150元。

房型

類型	間數	清潔費	房內設備	房外設備
通鋪套房	17	清潔費每人500元，五人以上團體每人300元	冷氣、電視、衣架、衛生紙	飲水機、交誼廳、吹風機可向管理員借用、電梯

訂房

訂房	收費方式	門禁	盥洗備品	攜帶葷食	男女分房	停車場
需預約	一樓櫃台開感謝狀	晚上10點門禁，需提早回房。不提供鑰匙	需自備	無限制	無特別要求	可停數十輛小客車

推薦指數

交通便利度	生活機能度	住宿舒適度	景觀怡人度	接待親切度
★★ 海線大甲站轉公車再步行10分鐘上山	★★ 周遭無店家，廟內提供素食點心	★ 簡單低價	★★★★ 可遠眺台中夜景	★★★★ 和善親切

總評：大甲車站附近的簡單通鋪套房。

麻豆代天府

廟內就有遊憩設施

到台南麻豆周邊旅遊可以考慮住麻豆代天府，因為代天府的香客大樓共可容納兩千多位香客住宿，其中新建套房新穎乾淨，很受歡迎。

廟內還有號稱全台灣最長的「滾輪溜滑梯」，以及具有復古味的「天堂地獄」，周邊又有許多台南特色景點，如總爺文化園區及善化各景點，是假日祖孫三代出遊、親子散心的好地方。

這樣就開運

麻豆代天府又名「開基五王廟」，主要供奉李、池、吳、朱、范府王爺，簡稱五府千歲。由於從麻豆代天府分香出去的寺廟不可勝數，從代天府分靈的王爺宮廟也遍及全球各地，因此麻豆代天府也被尊稱為「五府千歲總廟」。

主殿南側有歷時六年建造完成、模仿天壇格局，高度三十二公尺的觀音寶殿，藍色外壁刻有觀音菩薩救苦救難，化身八十四尊浮雕，寶殿殿內供奉由南海普陀山「不肯去觀音院」原鎮座觀音大士聖像，雄偉莊嚴，為眾善信消災增

觀音寶殿
基隆市
安樂區
陳慧如
敬獻
喝囉怛那·
哆囉夜耶

普陀岩

福。代天府內還有「太歲殿」，供奉由北京白雲觀辰殿分靈「台灣第一家」圓明道姥元君及六十太歲星君庇護四時無災。麻豆代天府占地遼闊，約三公頃，廟宇建築也十分講究，除了全國首創樟木刻成的立體門神，還有特聘薪傳獎大師繪製的傳統彩繪作品，以及精美的交趾燒與剪黏藝術，規模宏偉，是欲欣賞建築藝術的最佳選擇。

這樣好熱鬧

素有台灣文化首都之稱的台南，每三年都會舉辦集合各大廟宇香科活動的盛大廟會，陸續在香科年四到六月間展開，包括台灣民俗文化中常見的蜈蚣陣、宋江陣、白鶴陣、金獅陣、水族陣等藝陣，簡單說就是台灣的「宗教嘉年華大遊行」，熱鬧非凡，萬人空巷。

什麼是香科？「香」就是求香火、遶境之意，「科」則是道教的科儀法事。台南市政府在數年前首次整合大台南地區各大廟宇的香科活動，將之集中在同一年舉辦後，香科盛會就此成了南部地區的一大要事，而麻豆代天府就是

香科年的重點廟宇之一。不過，雖然代天府供奉王爺，但卻沒有燒王船的傳統，倘若覺得五月麻豆代天府繞境嘉年華不夠過癮，想親自體驗聞名海內外攝影圈的王船祭，可至鄰近的西港區慶安宮、安定蘇厝真護宮、安定蘇厝長興宮，這些廟宇都有王船祭典，更是超殺底片的競逐亮點。

參加過媽祖遶境但仍覺得意猶未盡的話，可別錯過台南三年一次的香科盛會。

廟內就有景點

天堂地獄

佛寺或廟宇通常講究莊嚴肅穆，寺廟內部鮮少設有觀光設施。不過麻豆代天府從數十年前就在大殿旁設置了人氣景點，在七、八〇年代非常盛行，是當時不少國小校外教學熱門造訪之地。

現在有人用「B級旅行」的幽默角度來體驗七〇年代一度盛行的假人和水泥欄杆風格，這些復古景點以現在的角度來看，就像進入時光隧道一般。

還有人會故意拿五十年前的旅遊指南去旅行，為的就是體驗時光流逝下的差異，若造訪數十年前熱門的景點，體

驗當時流行的風格氛圍，其實也饒有趣味。麻豆代天府除了有香客大樓以外，廟內還有一座長七十六公尺、高七公尺的巨龍外觀建築，民眾進入巨龍內部並由下往上走，可以體驗當年流行一時的景點——具警世意味的「地獄」與「天堂」。「十八層地獄」有點類似四十年前遊樂園的「鬼屋」，使用當時相對先進的感應技術，一旦有人經過便會自動啟動機關，讓各層地獄內的假人開始動作，這項設計現在看來似乎沒什麼特別之處，但在當年可是嚇哭不少小朋友。

每一層地獄都會註明犯下何種罪的人，在死後會受到什麼樣的可怕懲罰，

也有惡人被丟進油鍋、上刀山之類的情景。若參考馬來西亞檳城的鬼怪博物館，這裡如果包裝得宜，未來也許也能做成「台灣鬼怪展覽」，吸引好奇的外國遊客。順著巨龍往上走就會抵達「天堂」，在天堂的人可以看仙女表演歌舞、悠閒的下棋、品茗……相較於地獄，氣氛平和許多。

全台最長的滾輪溜滑梯

若與幼童同行，也可以到廟內附設的親子遊樂設施玩耍。

例如沙坑玩沙、池塘餵魚，還有全台最長的滾輪溜滑梯。滑梯坡度極緩，

若兒童體重不夠，導致無法滑動，有些大人會抱著小孩一起滑，親子同樂笑聲不斷。

周遭散心路線

總爺藝文中心

位於麻豆南勢里的總爺藝文中心前身是麻豆糖廠，最早是日本明治製糖株式會社的「總爺工廠」及「本社」的所在地，於西元一九一二年一月開始營運，廠區面積高達三十七公頃，包含廣大綠地以及由百年老樹庇蔭，宛如綠色隧道的步道。一九九九年被台南市政府列為市定古蹟，還有由昔日糖廠長官宿舍古蹟改造而成的展覽館。

日治時期，糖業是台灣的重要產業，糖廠廠長在當時的地位接近今日科技業上市公司的董事長或總經理，因此官舍周遭是一千多坪的綠地庭院，還有石燈籠等造景，可以想見當年糖

業在台灣產業的地位。這裡還有紅樓（原糖廠本部辦公室）、紅磚工藝館（昔日員工食堂）、木構招待所（舊員工俱樂部）值得走走。此外，因園區內林木眾多，所以小蚊子不少，建議事前最好先噴一些防蚊液，以策安全。

舊官舍二樓規畫為日式招待所，也就是可以閒坐喝茶的小茶館，可在此稍作歇息並體驗百年前的老屋風情。

善化美裕草莓園

說到採草莓，一般都會馬上聯想到苗栗，但其實台南也有草莓可採，不用奔波去北部湊熱鬧。而且若是高架種植的草莓，就可以不用彎腰低頭，搞得腰酸背痛，或是讓小孩弄得滿身泥巴，輕輕鬆鬆就可以採到一大箱草莓。草莓從開花到結果大概需要一個月的時間，開花時若花朵越大，結果時的草莓也會越大，每年十二月到四月都是台南適合採草莓的時間。善化

美裕草莓園已有三十六年歷史，過年也有開放，且須過了農藥安全期才會開放摘採，就連園主自己都只用清水清洗，摘掉蒂頭後就直接吃。採草莓市價約落在一斤三百至五百元之間，農曆年節時，草莓市價會再漲一些。平時若想撿便宜，可直接買ＮＧ草莓，大約一斤一百元，比自己採還要划算，但缺點就是少了採摘的樂趣。建議雨天備案可直接在園內購買ＮＧ草莓及品嘗草莓點心。

善化牛墟

早起的人也可以到善化牛墟逛逛市集。牛墟並不是養牛的牛棚，而是早期牛

隻交易的市集，後來因禁止販賣牛隻後，逐漸演變為在地市場。

善化牛墟從吃的、用的、蔬菜水果肉類、農機農具、家具藤椅等都有人擺攤販售。開放時間是國曆每個月的二、五、八、十二、十五、十八、二十二、二十五、二十八日早上，到善化牛墟也可以品嘗生意很好的台南清燙牛肉湯及各種小吃。

住宿介紹

麻豆代天府共有數棟香客大樓，包括新建的西香客大樓，以及五層樓的南香客大樓，七層樓的北香客大樓、北和室套房樓等，可同時容納兩千三百名香客住宿。團體可至一樓餐廳用膳，並提供共一百八十桌用餐席位，需要注意的是，團體用膳需要另行預約。新建的西香客大樓有雙人及四人套房，北香客大樓也有五人套房，皆附有電視及冷氣。

代天巡狩五府千歲

西香客房

文開寶島慶安
光啓台灣善化社

附近美食

善化糖廠的善糖文化園區中有個在google map上被網友高分評價的「及水火鍋」，主打使用「淨水」，也就是以三天淨化、燒開再淨化的水做為湯底，以及標榜純天然、無油、無沙茶醬，桌上附有紅白蘿蔔泥、薑蒜、蔥花、辣椒、檸檬等佐料，可以自己調成養生果醋沾醬，搭配關廟麵、有機蔬菜、有機米飯等選擇，肉類鍋有巴拉圭草飼牛、紐西蘭六個月小羔羊和雲林認證的快樂豬，海鮮鍋則有北海道2D生食級干貝、宜蘭海釣中卷、龍膽石斑、虱目魚，以及水族箱現撈的泰國天使蝦。

餐廳另有專人協助煮火鍋，掌握下鍋時間及海鮮、肉、菜的熟度，比較不會吃到煮過頭而變柴的肉片或海鮮。

餐廳後面有個免費參觀的「沈園」，是紀念明末先師沈光文的雅緻小園林。在涼風習習的竹林裡，有個饒富趣味的流水茶席，茶杯在石桌水道間，就像日本的迴轉壽司或是流水麵線般，從「上游」漂流到每個人的座位前，非常有趣，茶點口碑也不壞。

麻豆代天府

台南市麻豆區關帝廟60號

（06）571-0294（傳真號碼）

（06）572-2133

https://www.5god.com.tw/index.html

交通

大眾運輸可搭客運至麻豆站後轉當地公車如黃幹線至五王廟前下車，或搭橘10至南勢里下車再步行前往麻豆代天府。

參考網址

房型

類型	間數	清潔費	房內設備	房外設備
西香客大樓 雙人套房（兩小床）	45	每間1200元	冷氣、電視、棉被、枕頭	飲水機，部份有電梯
北香客大樓 五人套房（五小床）	96	每間1500元		
和室榻榻米套房	25	每間1500元	電視、棉被、枕頭	
文物館 8~10人 和室小通鋪雅房	數間	每人150元	排氣扇、棉被、枕頭	
南香客大樓 25人 上下大通鋪	數間	每人100元		

通鋪為雅房，均需事先預約。平日只接受進香團，不接受遊客住宿，農曆過年初一至初五才接受一般遊香客。

訂房

訂房	收費方式	門禁	盥洗備品	攜帶葷食	男女分房	停車場
需預約	開感謝狀	下午5點開放入住，隔天早上8點退房	需自備	禁菸、禁帶寵物	無特別要求	大停車場可停遊覽車約30～40台，小停車場可停約50～60台

推薦指數

交通便利度	生活機能度	住宿舒適度	景觀怡人度	接待親切度
★★ 客運或開車	★★ 附近有小吃	★★★ 各種房型都有	★★★ 周邊空曠、高樓視野遼闊	★★★★ 人員禮貌親切

總評：寺廟內部就有遊憩設施，適合三代同堂、親子共遊。

GO TO 台南 TRAVEL

龍崎文衡殿

・變形金剛做門神・

關公廟裡不只義薄雲天的關聖帝君，還有鋼鐵人、綠巨人與變形金剛等虛擬英雄一起守護鄉土，是吸引年輕族群接近宗教的新奇方式。

大殿內共有約十尊電影英雄模型，殿外還有以關聖帝君做為主題繪製而成的3D地景，都是拍照打卡熱點。廟宇前方還有廣大停車場，假日常吸引民眾到此野炊或露營，非常適合全家一起造訪。

這樣就開運

文衡殿主神文衡帝君相傳為南宋武將黃倪，因其忠義，逝後歸入仙班，敕封「文聖帝君」。清朝時，被黃家列為「黃家祖佛」，金身隨家族渡海來台，定居於台南前甲，後神格晉升接掌關帝殿主祀，視為「文衡聖帝」。

龍崎文衡殿前殿供奉由台南東區關帝廳、前甲顯明殿分靈的文衡聖帝，以及關聖帝君，也就是三國時代以「忠義」著稱的關公，又稱恩主公；偏殿供奉註生娘娘及福德正神；後殿奉請南海普陀山觀音佛祖駐駕，以及鳳娘聖母、紫雲聖母一同庇護民眾，消災納福。

龍崎文衡殿占地五十公頃，除前後殿外，殿外石獅前還有銅雕大師陳正雄的作品。主殿周遭廣植林木，並設有休閒設施以服務信眾及遊客。

龍崎文衡殿緣起於台南皇龍建築公司董事長陳慶飛，他原是後甲關帝殿信徒，在二十五歲時，染上不知名怪疾，雙腳行動不便。因家境之故，無法四處求醫，僅能倚仗止痛藥物減輕痛苦，同時他也決定每日風雨無阻的前往台南後甲關帝殿敬拜。

一九六七年某日半夜跪拜時，感覺關聖帝君在霞光萬丈間顯靈，神奇的是十五天後，怪病竟然不藥而癒，恢復行動自由後又陸續感應聖君指點，遂開展起建築事業，後來成績一路扶搖直上。為感念關聖帝君慈恩庇佑企業經營有成，發願蓋廟敬拜文衡聖帝，以造福更多信眾，於一九九八年落成。數年後又因原廟腹地狹窄，又選擇了現址興建新的龍崎文衡殿，並於周邊擴建各種休憩設施服務遊客，成了龍崎一大景點。

錢來運轉

前殿內有兩座別於其他宮廟的轉運神器，看起來像是龍捲風漩渦的座盤，使用方法是以銅板許下心願後，先過中爐香火，再投入漩渦凹槽頂端。由於漩過精密設計的弧度，銅板會順著圓盤的曲線一路直立不倒的轉入中心，如此不斷迴旋運轉，就能將厄運轉走，並將自己的財運越轉越開，非常有意思。

這樣好吸睛

電影群雄鎮守英雄殿

龍崎文衡殿最讓人津津樂道的就是為了讓新世代更接近傳統信仰，竟有鋼鐵人、變形金剛柯博文、綠巨人浩克、浩克毀滅者、雷神索爾、大黃蜂等漫威英雄與好萊塢主角模型，全都「請」來擔任寺廟護法，加入關公忠肝義膽的行列，而且都是透過信眾的捐贈香油錢來取得合法授權，非常

難得。

其中最重的模型為浩克，重達六百多公斤，最高的模型為變形金剛與大黃蜂，有三公尺高以上。除此以外還有《復仇者聯盟》電影角色，如美國隊長、雷神索爾等各路英雄，以及鋼鐵人系列包括「愛國者」「戰爭機器」「Mark 42」等角色，全都是依著電影上映熱潮逐年進駐，一起鎮守關聖帝君的英雄殿，各個角色讓年輕族群如數家珍，使得龍崎文衡殿成為打卡熱點。

3D地景彩繪

除了前殿陣容浩大的「英雄陣」，龍崎文衡殿外也有以關聖帝君「過關斬將」為主

題的3D立體彩繪地景，是另一個不可錯過的吸睛焦點。二〇一八年龍崎文衡殿趁著建醮文化祭時，特別從國外聘請國際3D立體繪畫大師庫爾特・溫納（Kurt Wenner）來台，繪製關公最為人所知的忠義故事「過關斬將」。曾任職於美國太空總署（NASA）的溫納，不但是國際3D地景藝術界的第一把交椅，也是教宗聖若望保祿二世指定創作〈最後晚餐〉的宗師級創作家。

為了繪製這個著名的故事，他花了許多時間研究三國演義，又投入半年時

間仔細修改，下足功夫後，才將兩面牆面及地板繪製完畢，也是3D立體彩繪中少見的三面地景創作。

以往宗教故事多半以傳統寺廟彩繪或石雕的方式呈現，而龍崎文衡殿的創舉，成功結合西方藝術與東方神明，並擴大年輕族群接觸傳統寺廟的新途徑，使得宗教文化得以傳承，十分獨樹一格。

3D地景彩繪位於廟旁一處收藏各式木雕、陶瓷、石雕等藝術品的「義德館」中，館內還有曾被行政院文建會指定為「交趾陶保存修復技術師」的國寶

級大師林洸沂，應文衡殿之邀而創作的三件照壁交趾陶：日月蓮臺、松鶴延年、竹鹿長青，是台灣少見的大面積照壁藝術作品，而且不僅少見，更是技術高超、價值連城的藝術作品。

入館無需門票，免費入場，僅假日開放合影，但必須脫鞋才能踩上地景彩繪。館內免費參觀但館藏藝術品禁止觸摸。

此外，館內也禁止攜帶食物、水、飲料及寵物入館，開放時間為每週日早上九點半到下午四點半。

周遭散心路線

貓咪階梯

很多人知道台南很好玩，但大多停留在市區，其實台南山區的龍崎也有不少私房新興景點，例如二〇一八年才新設立的「貓咪階梯」，就是龍崎區公所在老街旁打造的新景點。在馬賽克拼貼的樓梯上，集合當地藝術家的作品做了立體造型創作。

立體雕塑共有十二隻姿態各異的貓咪，逕自在短短二十階階梯上或站或臥、或躺或坐，發懶、晒太陽、跳躍等，模樣可愛，還有八間迷你小房子，非常好拍。

虎形山公園步道

龍崎虎形山因山形如猛虎雄踞，故有「虎形山」之名，雖然海拔只有一百一十三公尺，卻是台南新化丘陵與嘉南平原間的最高峰。附近的自然生態環境保存得不錯，建議早上可到虎形山公園步道走走，做做森林浴，可以去望龍吊橋、環山步道、香草植物區、天然竹林區看看，晚上有時還可以見到螢火蟲。

若不耐走，也可走較短路線，大約二十到三十分鐘，經過龍崎吊橋繞一小圈即可返回，中午天正熱時，即可到步道隔壁的竹炭故事館逛逛，避暑乘涼。

竹炭故事館

台南市龍崎區最早是由平埔族西拉雅族新港社人遷居來此開發，昔稱「番社」。日治時期時曾因盛產竹子，發展出十分興盛的竹編器具產業，例如竹簍、籃子、畚箕等日用品，竹器式微後則將竹子燒成竹炭。

竹炭故事館為日治時期所遺留下來的歷史老建物，原是龍崎鄉公所，因公所閒置多年，經農會租用並妥善規畫，開放民眾免費參觀，在館內擺放竹炭展示物品及介紹竹炭功能，宛如小型展覽館，同時館內還兼有休息站功能，販售當地農產品，包括竹炭防蚊液、竹炭襪、竹炭麵、竹炭沐浴乳、竹炭洗髮精等，都是遊客們大肆採購的商品。

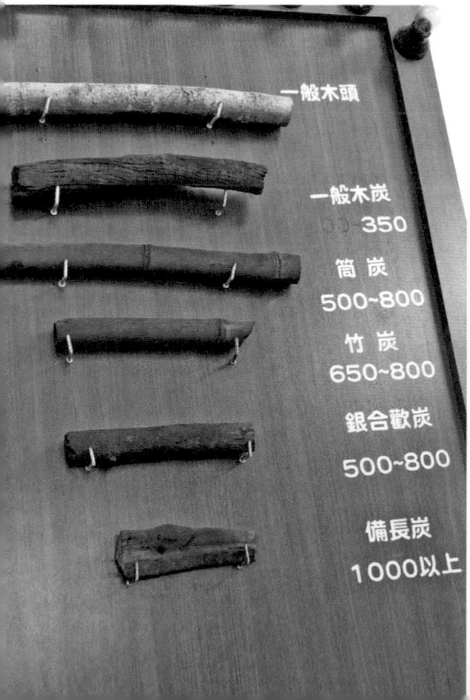

楠西梅嶺

舊名香蕉山的梅嶺也是南部民眾喜愛散心的風景區，雖然舊名為香蕉山，但其實這裡並不出產香蕉，是後來在前副總統謝東閔建議下，改名為梅嶺。

梅嶺從日治時期就種植梅樹成林，而每年四月正是台南的賞梅季，不過除了賞梅外，還可以賞油桐花。

由於南部氣候比桃竹苗炎熱不少，油桐花開時節比北部早，許多南部民眾樂得來此就近賞花。

上梅嶺遊憩最佳的行程安排是早上採梅子、中午吃梅子雞大餐、午後

做梅酒DIY和賞油桐花、入夜欣賞螢火蟲，按表操課就是完美的一日遊。

像是福來餐廳不但開發出梅酒DIY的體驗活動，更從山裡移植了整排油桐花到店前，供遊客在等候DIY梅酒體驗的期間欣賞，還研發出各種梅子餐，幾乎每一道都有好口碑，推薦大家可以品嘗看看的餐點有：炸得很酥的獨創薑黃雞、燉到軟嫩易食的東坡肉、炸芋頭、梅子雞等，但也因此假日饕客眾多，建議最好避開用餐時間以免久候。

龜丹溫泉

若要賞花，也可以到台南楠西區的龜丹溫泉休閒體驗農場，裡面有一小段開得很美的「泰國櫻木花道」。

泰國櫻花又名「花旗木」，每年四月花季時，常毫不客氣的百花怒放，宛如一片旗海，粉紅色的花海陣仗完全不輸高冷山區才看得到的正牌櫻花，非常美麗，不用出國也能欣賞櫻花花海。

更有意思的是還可以在泰國櫻花花道旁的湯屋泡溫泉賞櫻，有個人純湯屋及套房式湯屋可選，或是喝茶聊天到晚上，入夜後在室外溫泉SPA游泳池一面泡溫泉，一面看星星，也是一大享受。

左鎮月世界旅遊服務中心

左鎮在台灣歷史上曾數度成為「重鎮」，一是因為和前鎮一樣，都是鄭成功屯兵鎮守之地，二是自西元一九七一年在菜寮溪畔發現台灣第一塊人類化石後，左鎮隨之成為台灣歷史遺跡的重鎮。除此之外，左鎮的月世界也名聞遐邇，是台灣重要的白堊地形重鎮。若到近年新落成的觀景平台，可免費遠眺月世界地形，無需門票。「左鎮月世界旅遊服務

中心」是已經廢校的岡林國小校地，由於人口外移加上少子化，岡林國小在二〇〇六年廢校，昔日的操場草地上，設置了水管屋和露營地開放民眾免費使用，晚上可以在這裡看星星。

水管屋免費且不用登記，露營木地板帳位平日三百元、假日四百元。沿著南162線公路往前走可以抵達台灣海拔最低的觀日點「二寮觀日點」，若早起觀日，再一路玩到月世界，就是不折不扣的「觀日奔月」一日遊了。

附近美食

到台南山區旅遊當然要到玉井吃芒果，尤其若是產季，也就是每年四月至七月，當季的芒果會更香、更甜、更好吃。

芒果品種包括十六世紀荷蘭人引進台灣的土芒果、一九五一年初從美國佛羅里達州引進的愛文芒果，以及台灣改良的玉文芒果。台南市玉井農會經營的「熱情小子芒果冰」占地兩層樓，座位寬敞，內用有冷氣。芒果冰以易滲透水冰塊製成剉冰，再淋上新鮮愛文芒果做成的芒果醬及炒過台糖二砂再熬煮而成的糖水。若在產季時吃，就會吃到新鮮而非冷凍的芒果，果肉比在大都市吃到的都還要來的甘甜又鮮美，吃過都會大呼過癮。

楠西區是水果產地，素有「百果之鄉」的美譽，大部分的人想到芒果只想到玉井，但實際上，知名的玉井芒果和萬里蟹、松阪牛一樣都是品牌名稱而非真正產地。

在地內行人會知道，其實大部分的玉井芒果都是在楠西、南化等地種植，再運到集散地玉井掛牌，所以種出玉井芒果的地方可不只是玉井，楠西也是重要產地。

以特色水果餐聞名的台南「果農之家」水果餐廳，位於有「水果之鄉」美稱的楠西區，老闆笑稱因為當地水果比蔬菜還多，所以開餐廳都以水果入菜。

果農之家強調食材以自家種植或小農契作的當季水果為主，隨季節更替推陳出新，十人合菜到兩人套餐都有，也可單點，例如結合鱸魚、百香果南瓜醬汁和多種果肉做成的「時果黃金魚」，酸甜果香襯托出魚肉鮮甜；「香蕉苜蓿芽捲」融合香蕉特有的香甜及爽口苜蓿芽，毫無違和感；豬腳筋與當季鳳梨交織出「菠蘿虎掌」的獨特美味，還有水梨干貝、蓮霧蝦盅、香瓜菲力、龍葵雞湯等，園區內亦提供鄉野生態導覽服務和採果等活動。

住宿介紹

龍崎文衡殿為服務社會，設有戶外泡茶區，以及可供ＢＢＱ、煮火鍋的野炊區，有桌椅、自來水、遮雨棚，一旁還有販賣部販售各種茶點、零食、飲料，甚至伴手禮。另外也有自助投幣式卡拉ＯＫ可供使用者在戶外歡唱，假日常有不少把車當旅館的車床族扶老攜幼，全家來此露營。露營無需預約，可自由用水，廟方不會干涉，但需自備露營用品和烤肉架等野炊器材，以及自行將場地收拾乾淨、恢復原狀。

龍崎文衡殿

台南市龍崎區中坑里中坑3之2號

（06）594-0050

www.wenheng-temple.com/

參考網址

交通

大眾運輸可從台南高鐵站搭乘H62至「義林一街口」站下車，走中山路步行一分鐘至義林一街，搭「紅幹線延伸」往龍崎方向至「龍崎文衡殿」站下車處即是野炊區。

若開車可從關廟交流道下後左轉南雄路二段（19甲），再左轉接中正路（182縣道），直行約15分鐘即可抵達龍崎文衡殿。

房型

類型	間數	清潔費	房內設備	房外設備
野炊區	1	免費	桌椅、自來水、遮雨棚	販賣部販賣飲料、洗手間

露營需自備器材，需自行清潔及恢復原狀。

訂房

訂房	收費方式	門禁	盥洗備品	攜帶葷食	男女分房	停車場
無需預約	免費	無	需自備	無限制	無限制	可停數百輛車

推薦指數

交通便利度	生活機能度	住宿舒適度	景觀怡人度	接待親切度
★★ 客運或開車	★ 販賣部有零食飲料、附近有小販	★ 免費野炊區可露營	★★★ 周邊多有綠樹綠地	★★★★ 人員禮貌親切

總評：全台唯一各路英雄殿新奇有趣，0元露營簡單又接近自然。

好超值

誰說國內住宿一定又貴又不划算？

這些寺廟和教會住宿超值又有品質。

GO TO 新竹 TRAVEL

長和宮

藝術文物寶庫、五星等級的超值之選

新竹長和宮被列為近三百年歷史的國家第三級古蹟，也是桃竹苗地區最古老的媽祖廟。建於一七四二年（清乾隆七年），由於位在竹塹城北門外，因而又稱「外媽祖廟」或「外天后宮」。鎮殿媽祖軟身神像是自湄洲迎來的祖廟正三媽，據傳也是全世界唯一保有媽祖真髮的神像。長和宮與水仙宮兩宮並列，是全台罕見的雙宮奇景。香客大樓平價卻具飯店規格，還有感應式自動沖水馬桶，位於新竹市中心，可從火車站步行前往。

這樣就開運

新竹長和宮正殿供奉請自湄洲的軟身媽祖神像，是為「祖廟正三媽」。

相傳此神像是媽祖得道升天後，湄洲祖廟火化媽祖肉身前，將頭髮取下並分成三份製成三尊軟身神像的髮髻，其中三媽就是長和宮的媽祖。多年前文獻會曾取下一部分進行化驗，研究結果顯示的確是真人頭髮。由於源自祖廟的大媽神像毀於文革，二媽到東南亞後，現已不知去向，若三媽髮髻真為媽祖遺留的真髮，長和宮則是目前世上唯一保留媽祖真髮聖物的

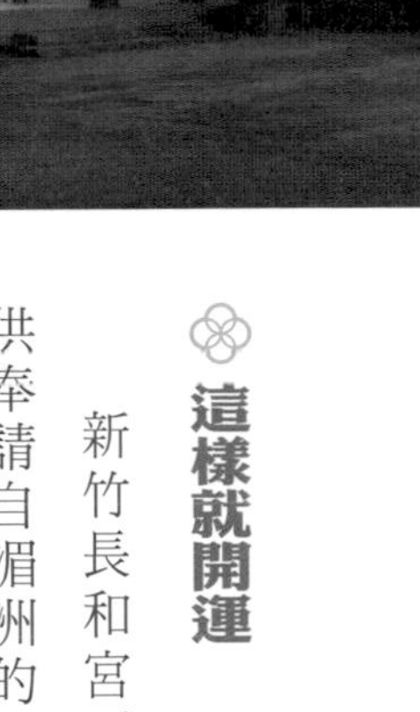

天后宮。廟方人員表示，有次出巡前沒有將神像的髮髻整理好，無論怎麼擲筊都得不到起駕的允杯，直到重新梳洗後才得以出巡，令信眾嘖嘖稱奇。

清乾隆年間因新竹北門竹塹港往來通航頻繁，為祈求舟船航行順利，由船商組織的竹塹水郊會與福建莆田萬梅堂禪師林義濤，由湄洲祖廟迎請三媽到新竹祭祀。長和宮之名，有祈求船商長久合作、和平共處之意。

長和宮為三殿式建築，格局為三進三開兩廊式，帶右護龍及左隔殿。第一進與第

二進、正殿與後殿之間都設有天井。正殿祀奉媽祖娘娘、中壇元帥，左右祀千里眼、順風耳將軍。右側護室奉祀太歲星君、南北斗星君、戲曲之神西秦王爺及老抽分會（創廟先賢）神位。左方於一八六三年（清同治二年）延伸興建水仙宮，並將原本後殿主神水仙尊王（大禹）移入水仙宮做為主神，並祭祀關聖帝君及文昌帝君。後殿則稱竹安寺，供奉觀世音菩薩、註生娘娘、婆祖、普庵老祖和土地公。

長和宮香火鼎盛，信眾間流傳的媽祖神蹟眾多，包括不少次隨媽祖巡境時遺失貴重物品，最後竟都神奇尋回的

霖雨蒼生
德可配天

西秦王爺

事件。還有某一年的冬季，媽祖前往哈爾濱交流，不少信徒特地採買羽絨衣隨行，活動期間一切順利、日日溫暖放晴，臨近回台日期，信眾們忍不住祈求媽祖能給予大家難得的賞雪機會，奇蹟似的，當地隨即在最後兩天又恢復大雪天氣，眾人盡興而歸。

歷史文物與傳統藝術的寶庫

殿中常見具數百年歷史的匾額等文物，包括清嘉慶年間的「德可配天」牌匾、「母儀配天」等清代匾額、日治大正年間的「霖雨蒼生」匾額。除了歷史文物外，長和宮的木雕、石雕及彩繪也都是精湛藝術的一時之選。包括廟門門神秦叔寶、尉遲恭及次間左右門的宮女，均出自寺廟彩繪薪傳獎大師，也就是國寶級彩繪大師潘麗水之子，潘岳雄之手，

他採用「披麻抓灰」技法（即抹灰於木材表面打底及填縫，包裹麻布後刷灰、上桐油漆，使木材表面細緻平整）。大殿屋架梁柱上的歷史人物與花鳥也用此法彩繪，畫風柔美細膩，雅緻沉穩。此外，廟宇內外的螭虎窗、龍虎堵、石獅、麒麟、石鼓等石雕，丹鳳朝陽、松鶴長青等泥塑也是栩栩如生，龍虎牆上還有各種主題的交趾陶，從裡到外，宛如藝術作品殿堂。

雙廟後方還有一棟金長和水仙文教大樓，落成於二〇一三年。「金長和」源自清道光年間，由新竹貿易商們成立的「塹郊」之名，「水仙」則是與長和宮並列的水仙宮，樓高十層，由超過萬名信徒捐出買菜錢或是老人年金集資而成，從購地到興建共耗資五億元，工程事項包括承包商及工程款等全由媽祖決定，現由多名志工協助維護。

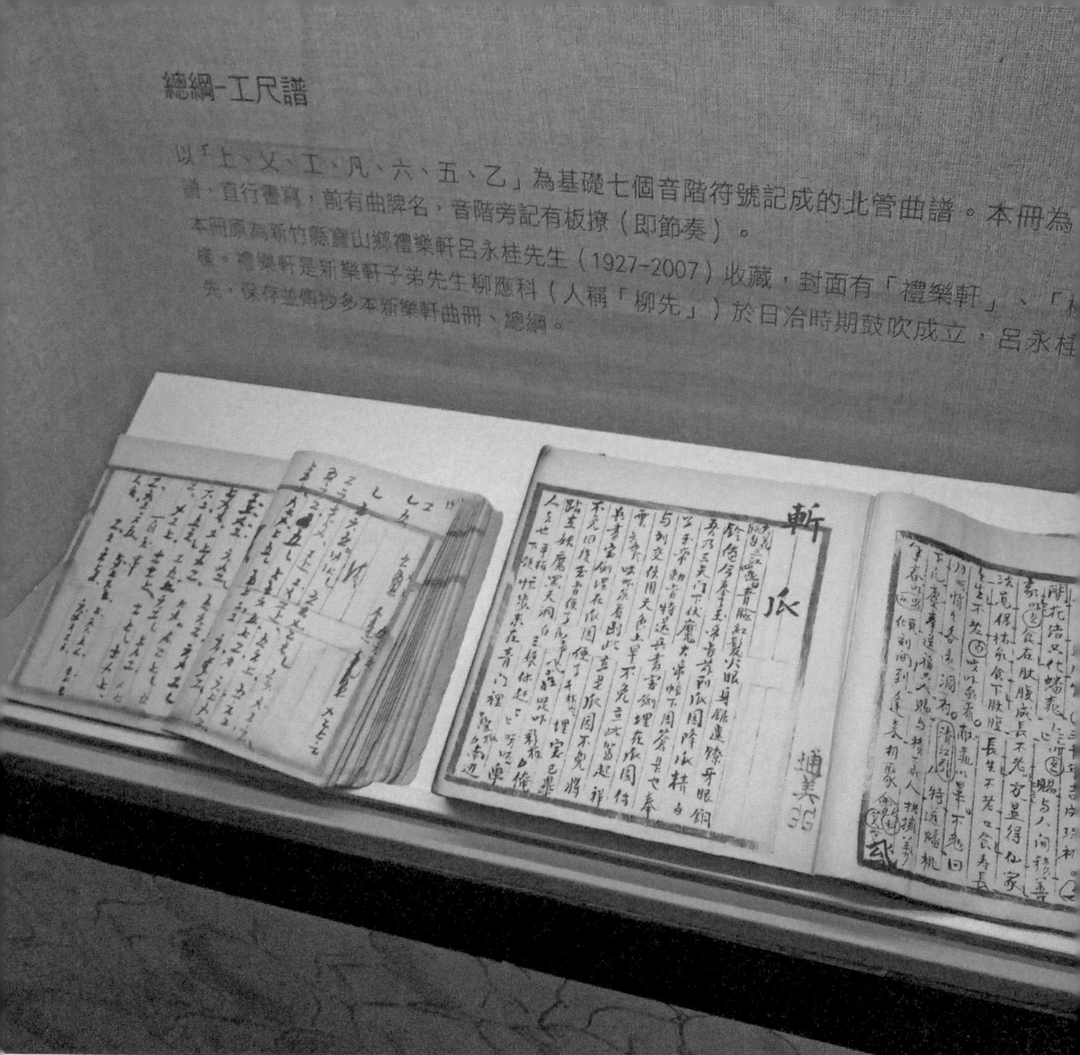
總綱-工尺譜
以「上、乂、工、凡、六、五、乙」為基礎七個音階符號記成的北管曲譜。本冊為
譜，直行書寫，前有曲牌名，音階旁記有板撩（即節奏）。
本冊原為新竹縣寶山鄉禮樂軒呂永桂先生（1927-2007）收藏，封面有「禮樂軒」、「
權。禮樂軒是新樂軒子弟先生柳應科（人稱「柳先」）於日治時期鼓吹成立，呂永桂
先，保存並傳抄多本新樂軒曲冊、總綱。

新竹
長和
宮管理委員會

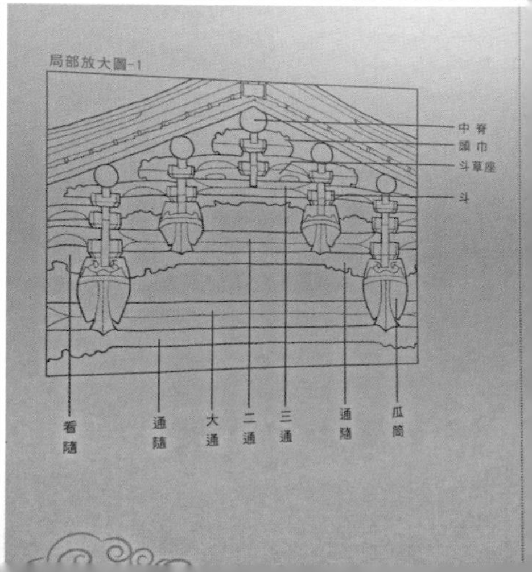
局部放大圖-1
中脊
頭巾
斗草座
斗
看隨
通隨
大通
二通
三通
通隨
瓜筒

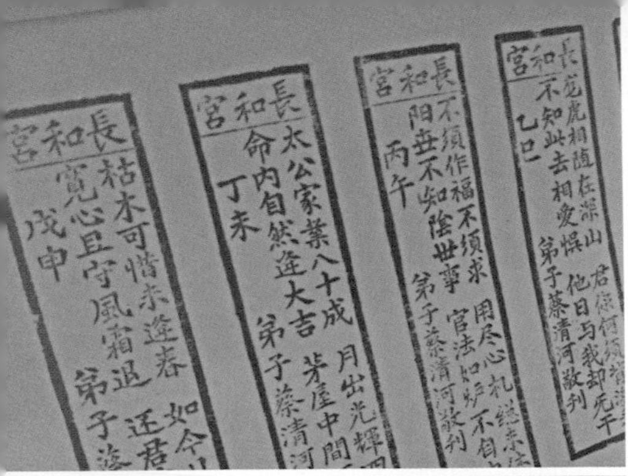

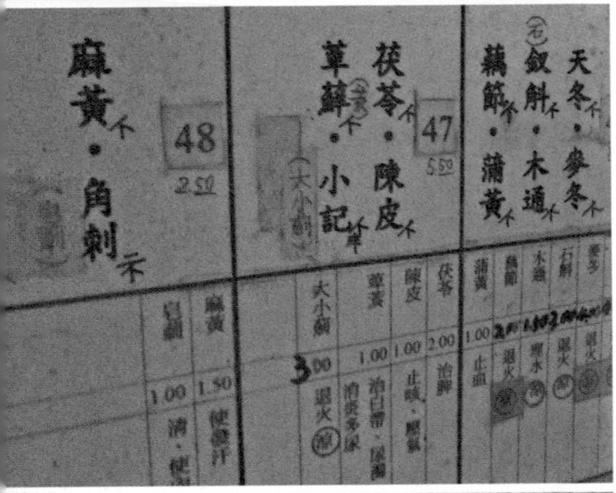

文教大樓設備包含二樓的「六十甲子元辰殿」及「祈安禮斗殿」，三樓的「金長和媽祖水仙文物館」，五至六樓的圖書館及閱覽室、視聽室，九樓及十樓的演講廳及推廣中心，還有位於七樓和八樓的香客大樓禪房。文物館收藏了媽祖自清乾

隆七年來台時所坐的神轎、香條板、七寶銅爐，媽祖神像的鳳冠霞帔、錦繡袍裙、三寸金蓮履和繡花荷包囊，與近三百年來的重要碑刻等上千件珍稀古物。除此之外，還包括古早藥籤、籤詩拓印刻版，以及長和宮具有一百多年歷史的北管陣頭新樂軒文物，

如雕工華麗細緻的彩牌、托燈、鼓架、鑼桿、繡旗等，都以博物館規格及設備在三樓文物館中展示，免費開放參觀，週六早上有導覽服務。館中不少典藏瑰寶都是全台甚至全世界罕見，可看性不輸博物館，非常值得參觀。

周遭散心路線

從竹東搭小火車遊內灣支線是不錯的散策行程，可尋訪古色古香的內灣車站、內灣戲院、派出所及內灣吊橋。累了可以在內灣老街品嘗紫玉菜包、擂茶等客家美食，老街上有一些文創小店，附近的內灣國小內有漫畫家劉興欽博物館，無論是對鐵道、古蹟、

Bed & Breakfast * Coffee * Food
Migration Cafe and B&B
民宿・咖啡・簡餐・手工糕點

141

客家文化或攝影有興趣者，都能在此悠閒散心，甚至還可以再往山裡去，到尖石溫泉體驗原住民風情，一日或二日遊都適合。

住宿介紹

長和宮的香客大樓就在金長和水仙文教大樓的七樓和八樓。落成至今房間裝潢依舊新穎美觀、窗明几淨。

除了有不輸飯店的內裝、星級酒店規格的獨立筒床墊、羽絨枕、羽絨被、自動感應式沖水馬桶等設備外，還貼心的設計各種房型。像是適合幼兒家庭的兩小床含和室地板房，還有共用客廳的連通房，不但極受歡迎，兩房交流時也較不易干擾他房客人。

電視可看國內二十多個頻道，房卡比照頂級飯店有電梯及房間雙門禁，住客退房後用漂白水稀釋擦拭消毒把手等常觸摸處，每週還會在房間、廟宇等公共空間以機器噴灑環境消毒藥水。

八樓房間大多面積較大，每間均為套房，房內設備統一無分別，套房喜緣金和一般民宿相近。其中多人房費用

和坊間通鋪相去不遠，甚至比青年旅館還便宜，各房價格喜緣金都擲筊由媽祖決定，可說是民宿的花費卻能享有五星級飯店的設備。

蔡英文總統還曾下榻於ＶＩＰ房，雖然只是競選連任來此開會時，短暫歇息並無過夜，但總統下榻香客大樓，可能也是空前。

入住需事先以電話預約，劃撥付款並去電確認後，入住當天攜帶劃撥收據至大殿櫃台辦理登記，退房後若無污損則會全數退還保證金。

如需停車最好事先詢問，因位處市中心鬧區，停車不易，最好搭乘大眾運輸從火車站散步來此，但新竹騎樓高低不一，輕便行李較為方便，訂房建議避開每年農曆三月二十三日的媽祖誕辰，及農曆十月十日水仙尊王聖誕的祀典時期。

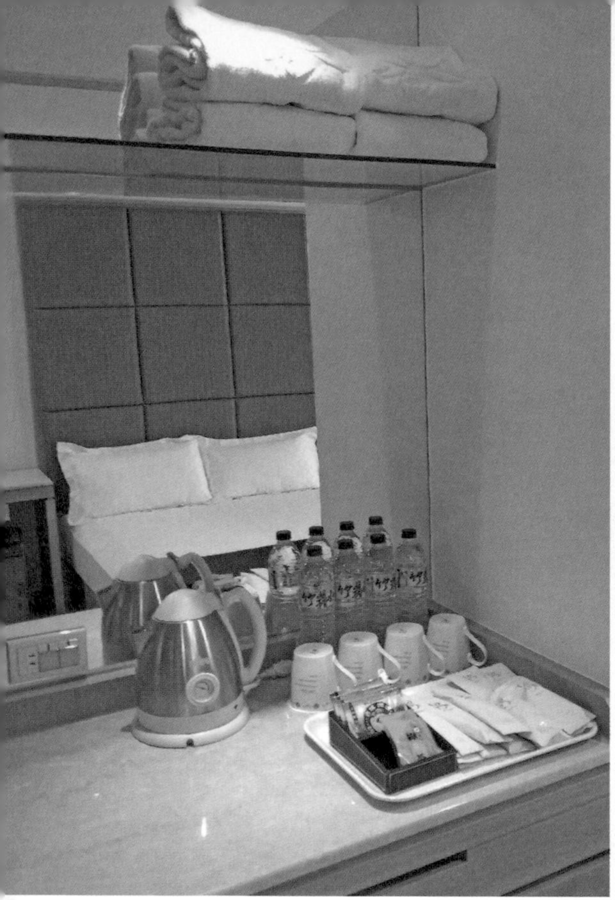

附近美食

從長和宮走路約五分鐘就能抵達遠近馳名的新竹城隍廟小吃區，光是城隍廟前廣場就有眾多美食可選擇，例如海瑞貢丸、鄭家魚丸燕圓等店。

還有一間擁有七十多年歷史的柳家肉燥，家傳多年的滷汁淋飯濕潤香甜，令人聞香下馬。城隍廟周邊還有新復珍商行、西大發爆漿城隍包、許二姊鴨肉、老黃豬腳大王等人氣美食，不可錯過。

長和宮——金長和水仙文教大樓

新竹市北區北門街135號　（03）526-7510

www.facebook.com/112552995421495（國家第三級古蹟新竹長和宮）

參考網址

交通

出新竹火車站後，沿中正路經東門圓環接大同路直走至北大路，左轉北門街即達。

房型

類型	間數	清潔費	房內設備	房外設備
八樓三人房（一大床、一小床）	1	喜緣金逕洽	免費Wi-Fi、中央空調、電視含第四台、電熱水壺、吹風機、沐浴乳、洗髮精、刮鬍刀、扁梳、牙刷、浴帽、紙手巾、浴巾、感應式自動沖水馬桶、鞋拔、免洗拖鞋、礦泉水、茶包、咖啡、衣架、毛毯、記憶枕	免投幣式脫水機及烘衣機各一台、飲水機、交誼廳、電梯
八樓四人房（兩大床）	6			
八樓VIP四人大套房	1			
八樓15人和室房（一間兩室10+5人通舖）	1			
七樓雙人房（一大或兩小床）	8			
七樓四人房（兩大床或兩小附和式床墊）	7			

訂房

訂房	收費方式	門禁	盥洗備品	攜帶葷食	男女分房	停車場
需預約	廟內櫃台開感謝狀	11:00退房 14:30進房	十分齊全	葷素不限制，但禁止吸菸、飲酒、嚼檳榔、賭博	無要求	少 （需事先詢問）

推薦指數

交通便利度	生活機能度	住宿舒適度	景觀怡人度	接待親切度
★★★★★ 近火車站	★★★★★ 近城隍廟小吃	★★★★★ 五星飯店等級	★★★★ 可俯瞰新竹市區	★★★★★ 客氣親切

總評：從廟宇建築藝術、珍稀典藏、禪房設備
到交通便利性都頂尖的好去處。

GO TO 雲林 TRAVEL

北港武德宮

媲美國際潮旅的財神居

如果不是位在廟宇隔壁，一定沒人相信這是香客大樓。從設計到服務都是國際級精品飯店規格，民宿的價格，卻有臭氧消毒、保險櫃，以及與五星飯店同等級浴袍、交誼廳水果點心、腳踏車免費外借、免費美食地圖等高規格服務，再不搶先可就客滿了！北港武德宮位於北港鎮北緣，距離朝天宮不到十分鐘車程，鎮上有不少在地人大推的平價美味小吃，來個北港小鎮一日遊也非常悠閒。

全台五路財神總廟

北港武德宮是全台五路武財神的開基祖廟，從武德宮分靈出去的神尊超過六千尊及百餘間廟。武德宮主委林安樂表示，這裡最早是半世紀以前，位於北港鎮上鬧區的一個店面，因當時的住戶聲稱曾在晚上看到家裡有個與天花板等高、膚色黝黑的巨型人影昂首闊步而不敢續住，店面多次轉手，但無論經營何種行業均生意不佳，還成了鎮上有

武德宮
開基祖廟
五路財神

名的鬼屋。後來從外地遷來北港的中醫陳茂霖因價格低廉，而買下店面經營中藥行，事業日漸興隆。一九六〇年代左右，妻子身體狀況突然走下坡，中西醫均藥石無效之下，只得請教丈人的故鄉嘉義東興宮池府千歲扶乩，才知地底有北港內神金身遭浴廁之水滲及，高大人影正是武財神趙公明。神奇的是，移走廁所後，怪病竟不藥而癒，原來是內神因時機成熟再度顯化的徵兆，隨後設香祭拜。經過七年誠心膜拜，感動北港內神，才降示顯明尊號「天官武財神」並雕金身。北港內神原為武財神趙公明，

降旨表示因預知百年後將有毀廟之災，故於道光二十九年由信徒陳再發居士迎請渡海來台開基延續香火。而在兩岸完全斷絕來往、眾人也不認為有可能通航的戒嚴時期，武財神也曾預示未來要帶信眾回其故鄉一探，果然後來突然開放兩岸通航，陳創辦人率眾依指示輾轉抵達山東省齊河縣趙官鎮的趙官鎮，詢問當地人才知眼前的空地曾是文革前的趙公明廟。北港武德宮現由創辦人的外孫林安樂接手，突破傳統迎向現代化管理，為求完美，精益求精，一旦主推的

話題元素失去獨特性就立刻改變創新，供品及伴手禮也堅持要由專業團隊獨家研發。管委會成員幾乎都有學士、碩士文憑，在財經界擁有許多信徒，廟方表示武財神曾多次幫助信眾平安度過經濟危機，例如二〇〇八年的金融海嘯、二〇二〇年原油價格暴跌等，神蹟無數。

這樣好招財

武德宮中殿祀奉五路武財神，分別為東、西、南、北、中各五路。中路武財神趙公明，為封神榜記載中的趙大元帥，掌管天下資產。其餘四路為東路武財尊神招寶天尊蕭升、西路武財尊神納珍天尊曹

寶、南路武財尊神招財使者陳九公、北路武財尊神利市仙官姚少司，以及不食葷腥的座騎黑虎將軍。

武財神兩旁有三官殿祭祀三官大帝、聖父母殿供奉武財神趙公明雙親，此外還有地藏王菩薩、三仙姑、文昌帝君、關聖帝君、太歲星君、福德正神及豐益境主。正殿後方則是七層樓高的廣天大道院，供奉三清道祖、玉皇大帝、太陰星君、太陽星君、斗姥元君、白玉佛菩薩、大成至聖先師、瑤池金母……神蹟無數。廟外還有三層樓高的世界最

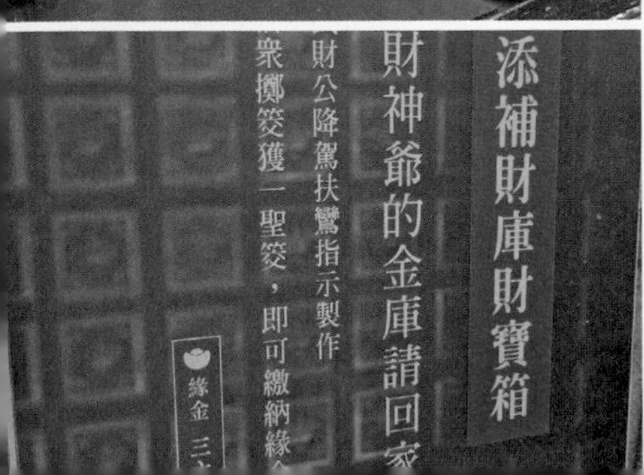

大金爐，因廟宇地理位置為天鵝孵蛋寶穴，金爐外圍雕刻三十五天官，六個角落各有一隻天鵝鎮守風水寶穴，象徵天鵝帶財人間。武德宮正殿有數個金元寶，包括神像前方的大元寶、利市仙官手中的成串元寶，以及虎爺前的小元寶，還有招財使者手捧的珊瑚等等，不少前往參拜的民眾都不忘手摸元寶及聚寶盆，以求沾些財氣。另外每逢過年期間，武德宮也會發放「錢母」，紅包袋內共有兩元銅板，取「二」的台語與「利」字的諧音。最獨樹一格的便是財神爺的金庫「財寶箱」，據悉是由武財公降駕指示製作，只要擲筊獲得聖杯的信眾，就能繳納緣金，請回可補財庫的財寶箱。

周遭散心路線

台南後壁是知名電視劇《俗女養成記》裡主角家的中藥房和電影《無米樂》的拍攝場景，菁寮老街上有不少人氣景點，例如有八十多年歷史的懷舊復古老店和興冰菓部，是當時相親約會的熱門場所，現在看來，很有五〇年代的氣息。還有年輕人返鄉創業自行研發出來的糙米煎餅「菁寮囝仔」，口感頗有脆度。另外，老街後方三合院的「稻米小學堂」能學到不同品種稻米的知識，也可以在富貴食堂享用昔日農家在結束收割農務後所品嘗的古早味「割稻飯」。

附近美食

北港小吃多半便宜又大碗，例如油飯、麵線糊、煎盤粿、鴨肉麵線、肉羹等。其中北港知名的「老等油飯」，油飯口感非常濕潤好吃，油蔥香氣逼人，滷蛋白入味，是當地人早餐，在中秋路及公園旁各有分店。店內另一熱賣菜色是麵線糊，和其他縣市棕色的大腸麵線不同，北港麵線糊是用高湯煮白色麵線並淋上滷汁，十分特別。

還有田中麵店是北港五十年老店，因創業主名為田中故以此為號。現傳到第三代，兄弟在文明路仁愛路口和鎮公所旁公園路各有一家店，也各有擁護者。自製意麵及肉燥蝦味十足，分量不小，米糕則是用陶杯裝盛，非常特別，每到用餐時間總是擠滿在地客，也是當地人和回鄉遊子的最愛。在地人最常點滷肉飯、筒仔米糕、乾麵配魚丸湯，也提供給讀者們參考。需要提醒的是北港飲食店大多休週二，建議事先多確認營業時間。

三一學舍

來財神家住一晚

北港武德宮在二〇一八年耗資五千萬元，將已有三十多年歷史的香客大樓重新整建為融合傳統與時尚風格的「三學舍」，請到後來在台南成功改造許多老屋而打出名號的本事空間製作所操刀，別出心裁的設計令人眼睛為之一亮，可說是全台最潮的香客大樓。

「三學舍」的典故為學儒、學道、學佛，大門旁簍空設計的金屬製LOGO有三個不同手勢，由左而右分別代表釋、儒、道。「三學舍」樓高四層，一樓為服務台和可外借的腳踏車，二樓為可容納三十人的多功能氣派會議廳，三樓的交誼廳有電磁爐、料理台及冰箱，套房十餘間。許多設計也十分注重細節，例如接待櫃台的一角就是神明桌的桌腳雕飾，房間門牌也是以原本裝飾廟宇斗栱的獅座、馬座造型的木雕備

料，不僅有辟邪的用意，在燈光的投射下更具氣勢。

房間內部走現代禪風路線，以戴熙山水畫、張旭書法、詩經為設計主調，古典又時尚，獨樹一格的風格吸引不少建築師、室內設計師指定入住。設備不但與飯店同規格，採用感應門卡、行李車、MOD數位電視多達百餘個頻道、保險櫃、乾濕分離衛浴，甚至與國際級精品飯店接軌，使用獨立筒及彈性床墊、ECO歐盟有機認證義大利進口洗潤髮精、招財礦泉水、日月潭紅茶包、漢方艾草冷製手工皂等備品，更令人不可思議的是還有五星級飯店規格的厚實浴袍，及毛巾布料免

洗拖鞋，尤其浴巾還與涵碧樓同等級，三層門禁卡（大門、電梯、房間）保障住客安全，而且客人入房前及退房後都會用酒精擦拭及臭氧機消毒，就連房務人員都是由前喜來登主管擔任房務技術指導顧問，格局完全不輸國際頂級飯店集團品牌，可說是目前全台規格最奢華的香客大樓。

不只內裝高規格，在不少細節也可見其用心，例如房內多達十餘個插座，包括高成本的USB充電插口，是連國際頂級飯店也不一定能達到的數量。交誼廳的點心也講究美味而不計成本，例如有時是請當地小農手工製作或在地人才知道的老字號零嘴，或是特地請百年老店製作的小

點心。房客若想漫遊北港小鎮，除了能免費外借腳踏車，還可索取三學舍貼心設計的北港美食地圖，四處尋訪鄰近小吃。但儘管質感如此豪奢講究，卻因為是香客大樓而物美價廉，真是民宿等級的價格、國際潮旅的質感，物超所值，可以說不只是低調奢華，還是「低價」奢華了。而且可能因為眾神庇佑的關係，感覺在這裡會特別安穩好睡，曾有上市公司高層表示平時很難入睡，但每次來住三學舍都會一覺到天亮。只是由於房間數不多，尤其假日最好及早預約，以免向隅。

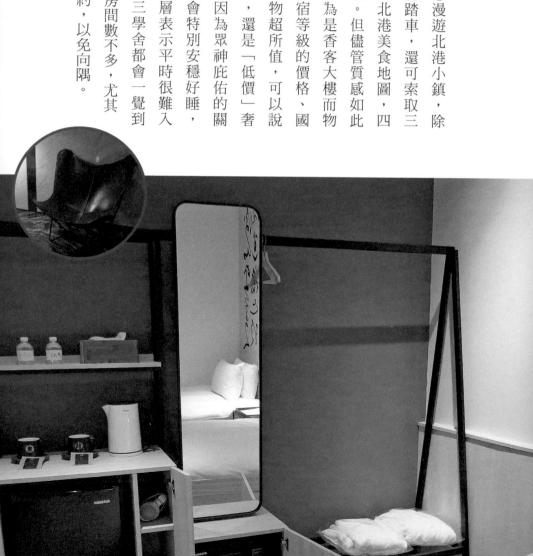

北港武德宮三學舍

雲林縣北港鎮華勝路330號　　（05）783-8622

www.wude.org.tw/cn/triacademy/about

參考網址

交通

開車：一高南下雲林交流道接台78線轉145縣道。一高北上嘉義交流道走159縣道接台19。

大眾運輸：高鐵雲林站轉台西客運，於「北港第二停車場站」站下車，往北沿著中央公路／台19線步行約15～20分鐘。若搭台鐵，嘉義火車站轉嘉義客運經新港、民雄到北港路線至北港總站，再搭計程車或徒步約15～20分至北港武德宮，從台中搭台西客運亦同。從台北搭統聯客運，可搭直達北港路線，於「五路財神站」下車即是廟前。

房型

類型	間數	清潔費	房內設備	房外設備
現代禪風房（兩小床）	3	喜緣金迎洽	Wi-Fi、MOD數位電視、保險櫃、冰箱、電熱水壺、吹風機、獨立空調、手工皂、洗潤髮精、乳液、刮鬍刀、扁梳、牙刷、棉花棒、浴帽、擦手巾、浴巾、浴袍、洗衣袋、免洗拖鞋、礦泉水、茶包、電話、衣架	電梯、行李車、腳踏車、交誼廳（冰箱、電磁爐、料理台、餐具）、商務會議廳
深度假期房（一大床）	5			
精緻慢遊房（一大一小床）	4			
輕奢家庭房（兩大床）	4			

飯店式管理，入住需出示身份證件。

訂房

訂房	收費方式	門禁	盥洗備品	攜帶葷食	男女分房	停車場
需預約	開感謝狀	大門、電梯感應房卡	有	不鼓勵且禁菸酒檳榔	無要求	約可停一百多輛小客車

推薦指數

交通便利度	生活機能度	住宿舒適度	景觀怡人度	接待親切度
★★★★ 客運或開車	★★★★ 廟旁有小吃攤 附近有小吃店	★★★★★ 華麗專業	★★★★ 小鎮風情	★★★★★ 專業有禮、貼心服務

總評：民宿價格卻有國際頂級質感，還能求財運，CP值超高。

GO TO 屏東 TRAVEL

佛光山潮州講堂

環境優雅舒適

屏東又有距離墾丁不遠的寺廟住宿了！如果你是佛光山信徒，行旅至屏東時，不妨到剛落成不久的潮州講堂滴水坊寮房掛單住宿，體驗簡單生活。潮州講堂內還有圖書館及免費佛學講座開放報名，裝潢簡單高雅，餐點不錯，假日可攜家帶眷造訪。

這樣就開運

佛光山各地都有「滴水坊」，名稱典故取自「受人點滴，湧泉以報」，意思是希望也以點滴之力，感恩回饋社會與信眾。佛光山潮州講堂源自於四十年前的「潮州佈教所」，一九九六年又改制為「潮州禪淨中心」推廣佛學教育，但舊建築經過歲月的洗禮，逐漸老舊，後來又另覓新址，於二〇一七年年初重新規畫設計，「佛光山潮州講堂」於焉落成。

建築內部功能多元，包括大雄寶殿、大講堂、禪修中心、展覽館、圖書閱覽室、滴水坊餐廳、滴水書坊、書法教室、舞蹈音樂教室，以及可供掛單住宿的寮房等設施，現由如慶法師主持。

潮州講堂挑高的大雄寶殿，也就是如來殿，供奉著釋迦牟尼佛，左方供奉大智文殊師利菩薩及大迦葉尊者，右方為大行普賢菩薩及阿難尊者浮雕。一旁還有由玻璃纖維製成的佛教故事浮雕壁畫，天花板則是蓮花造型的琉璃燈，十分壯觀。

這樣好知性

因響應星雲法師「人間佛教」，走入人間生活，幫助民眾運用佛法家庭及人際和諧，潮州講堂除了定期舉辦例行法會，更常與在地警局、學校等各級機關單位合作舉辦展覽、營隊、佛光小菩薩學堂、童軍團等各式活動，吸引許多民眾與佛結緣。潮州講堂也聘請在地師資，推出許多適合各種年齡層的文藝課程，包括花藝設計、書法、刺繡、捏陶、茶道、經典導讀等教學活動，另有佛學講座開放各界報名，二樓有書法美術教室及舞蹈教室。

講堂一樓還有寧靜舒適的圖書館，

兩層樓高的書牆可以讓人在此盡情免費閱讀，也可到佛堂禮佛、在禪堂坐禪，或回房抄經，自行靜心。

周遭散心路線

山川琉璃吊橋

屏東三地門山川琉璃吊橋全長兩百六十二公尺、高四十五公尺，橫跨隘寮溪，串連霧台、三地門和瑪家鄉，原本就是當地原住民早年進出的要道。後來由琉璃藝術家撒古流・巴瓦瓦隆設計琉璃吊橋，用上千顆排灣族琉璃珠點綴橋身，以極具原住民特色及百步蛇意象的微笑曲線聞名。

百步蛇是當地部落的守護神，象徵守護當地與吊橋安全，橋上以三十二個琉璃牌訴說著三十二個流傳在各部落的故事。源頭來自北大武山和小鬼湖的隘寮溪，是排灣族與魯凱族的孕育之源，包括原住民創意豐沛的藝術文化，例如瑪家鄉禮納里部落裡的工藝

藝術。現在山川琉璃吊橋的門票可以開放折返使用，若從吊橋瑪家端（原住民文化園區）上橋的民眾，可由三地門端再次入橋乙次。若從三地門端上橋，則可由瑪家端再次上橋，這樣方便遊客往返，也節省時間。建議事先以地圖規畫停車路線。

六堆客家文化園區

六堆是屏東重要的客家聚落，在這裡，有一個六堆客家文化園區，其占地遼闊，保存了客家文化非常重要的田園地景，包括早年在客家族群的農耕生活裡扮演了重要角色的菸樓和礱間，非常具有教育意義。早年客家村多種植經濟價值高的菸草，收割後的黃色菸草必須放入菸樓內烘烤

乾燥，有點類似茶葉的「殺青」。雖然一九八一年改用新式烤菸機後，傳統菸樓式微，但菸樓卻也成了客家文化的象徵之一。

礱間則是將收割後的稻穀加工成糙米，再將糙米脫去糠層製成白米的場所，六堆客家文化中心裡的礱間陳列著曾在屏東百年碾米廠運作多年的礱穀機，記錄著客家先民們辛勤的汗水。

園區內還有一條「客家詩路」，精選了十五位當代客家詩人的創作，例如貴海、葉日松，以及八首客家歌謠經典歌詞，例如林生祥與陳永淘等客家歌手創作之曲詞，另外也有客家傳統藍衫衣飾、客家古早窗花，一併融入當地地景的步道景觀中，讓遊客可以一面漫步其中體驗客家風情，一面體會客家文學的詩意及園林之美。

祝滿載盈歸

大鵬灣國家風景區

台灣西南部最大的潟湖在哪呢？就在大鵬灣國家風景區內，範圍包括大鵬灣和小琉球。

大鵬灣在屏東縣東港鎮及林邊鄉交界處，潟湖地形是獨木舟、紅樹林探險、濕地生態體驗等水上活動的最佳區域。此處共有七個濕地公園，可觀察候鳥、招潮蟹等沼澤生態。鵬灣跨海大橋是全台第一座可開啟式的橋梁，橋身造型從三個不同的方向欣賞都很有看頭，例如從側面看像帆船出海，也有點像大魚尾，背面看則像英文字母大寫的Ａ，每週六日或國定假日的下午四點半或五點還有開橋秀可欣賞。每年一到東港鮪魚季和東港王船季時，更是熱鬧非凡。

小琉球則是全台少數不受東北季風影響的離島，也是唯一的珊瑚島，全年溫暖少雨，船程也只有三十

分鐘左右。觀賞島上的奇岩怪石、聽烏鬼洞的鬼故事、欣賞珊瑚色海岸是其最大的特色。

住宿介紹

潮州講堂寮房以白牆、木質地板及榻榻米做為簡約設計的主軸，裝潢雅緻脫俗，地板觸感不錯，木桌看起來也具有一定質感。雖然看似造價不低，但實際上卻是用價格不高的貼皮建材，地磚則以堅硬、耐磨又抗污的人造石材，營造出高貴不貴，卻又優雅清新的生活空間。

房間內陳設極簡大方，和坊間追求

柔軟的旅館彈簧床相比，寮房的睡床為硬床，再加上約四公分高的軟墊，簡單卻不難睡。浴室則有乾濕分離的設計，還有煙霧偵測器保障住宿安全。

餐廳「滴水坊」每日提供中西式蛋奶素創意料理，餐點樣式雖然不是外面常見的口味，但大部分的菜色都獲得不錯的評價，像是自行手工熬製而非使用調理包的濃湯，讓即使平常不吃素的民眾也能大快朵頤的用餐，還有星雲法師以自身數十年糖尿病經驗，親自研發的養生皇帝豆麵。有自助餐及直接點餐等兩種方式。

附近美食

到屏東若想品嘗在地佳餚，除了萬巒豬腳以外，其實屏東觀光夜市中有不少隱藏版的在地美食。例如屏東肉圓就是將米漿麵皮蒸熟，和油炸的彰化肉圓截然不同。蒸的肉圓麵皮軟軟黏黏，用筷子切開就可以聞到內餡絞肉和油蔥的香氣撲鼻，值得一嘗。

到屏東當然更不能錯過客家人過年必吃的「豬膽肝」，是多次浸泡高粱酒及醬油醃漬入味的小菜，鹹香好吃，搭配大蒜切片非常下飯，若喜歡客家鹹豬肉的話一定要試試。還有當地人推薦的阿狗黑白切、豬頭排骨飯、魚意麵、轉角雞肉、王朝炒飯等，飯後點心可嘗泡泡冰或愛玉、薏仁，只要看到人多的店就可聞香下馬，地雷不多，可以盡情嘗試。

佛光山潮州講堂

屏東縣潮州鎮四維路570號

（08）789-0600

https://is.gd/d1ivmJ

參考網址

交通

大眾運輸可搭火車抵達屏東潮州車站後步行至隔壁潮州轉運站，搭乘客運8209來義線、8212武潭線、8238潮州線、8240水門線至三星里站下車即是潮州講堂。

房型

類型	間數	清潔費	房內設備	房外設備
雙人套房（兩床）	數間	費用隨喜	衣櫥、衣架、桌椅、電水壺、電話、衛生紙、包裝水、餅乾	飲水機、電視、吹風機、電梯
四人套房（四床）	數間			
六人套房（六床）	數間			

訂房

訂房	收費方式	門禁	盥洗備品	攜帶葷食	男女分房	停車場
需預約	隨喜投入功德箱，亦可交由櫃台開設收據	晚上10點門禁	需自備	禁止葷食、禁菸酒、檳榔、打牌。	夫妻可同房，若團體則分男女眾房	周邊可停多台小客車

推薦指數

交通便利度	生活機能度	住宿舒適度	景觀怡人度	接待親切度
★★ 客運或開車	★★★ 附設餐廳 蛋奶素好吃	★★★★ 裝潢素雅 簡單乾淨	★★★★ 周邊多為田地、 視野遼闊	★★★★★ 人員禮貌親切

總評：環境雅緻簡單，乾淨新穎，信徒限定。

滌淨身心

寺廟教會住宿不僅有藥浴或SPA，
還有大自然的芬多精，
一次洗滌身心靈。

GO TO 南投 TRAVEL

三育健康教育中心

美麗校園中的養生度假村

三育健康教育中心是台北台安醫院特約合作的健康養生中心，位於南投魚池鄉的三育基督學院校園中。三育健康教育中心、三育基督學院及台安醫院都是隸屬於台灣基督復臨安息日會體系下的機構，彼此獨立運作卻又互相合作，而三育的意思就是身心靈的全人健康。

醫療等級的設備

乍聽「三育健康教育中心」會以為是一間在城市裡的教育機構，但事實上若要用兩句話總結它的特色，「在美麗的神學院校園中，與醫院合作的養生度假中心」應該是比較貼切的。

這裡的起源是台安醫院在二十多年前，為了改善或反轉非傳染性慢性疾病（如糖尿病、高血壓、心血管問題、肥胖、痛風、關節炎等因代謝症候群所引起的疾病），甚至各種

壓力或其他因素造成免疫系統失調，以及自律神經失調、失眠、腸胃不適、便祕等常見現代症候群所創立的「新起點生活方式醫學課程」，由於醫院場地有限，若舉辦健走等相關活動，可能會讓走在馬路上的學員們發生危險，因此從一九九七年起，改到接近大自然的南投三育基督學院校園中設置健康教育中心，每個月在此開設為期數天的「新起點健康營隊」並延續至今，後來健康中心也開放一般民眾使用。既然是與醫院長期特約合作的健康養生度假村，各種設備當然也屬

醫療等級的，例如在地下一樓有各種三溫暖、檜木泡澡桶、按摩機、藥草泡腳機、手部石蠟熱敷等設備，而且還有三育基督學院健康促進系的實習生協助使用器材確保安全，以及提供精油按摩服務。裡頭還設有近似韓國汗蒸幕的「黃土屋」，因為能幫助排毒和促進新陳代謝，非常受民眾歡迎，曾有中部學校相中黃土屋，而決定在此舉辦活動。

也因為有癌細胞怕熱的研究，黃土屋還成為台安醫院癌症療程之一。由於黃土具有大量氣孔，易於散熱及調節水氣，因此在高達攝氏六十度的遠紅外線烤箱中也不容易覺得悶熱，只覺得像夏

天天氣，不會像一般烤箱或蒸氣室般高溫難耐，可輕鬆待上四十分鐘，完全不需要褪去衣物。943也曾體驗過黃土屋的魅力，坐著裡面看書、聊天，感覺半個多小時很快就過去了，還在不知不覺中流了很多汗，順暢的代謝感讓人非常舒服，排掉身體的濕氣後，也覺得全身輕盈了起來。黃土屋的興建緣起也是當初來到三育基督學院學習中文的韓國傳道人們，大力推薦韓式汗蒸幕的好處而成。黃土屋從地板、四周的黃土磚都是韓國傳教士和牧師們，定期從韓國省親返回台灣時，每次在行李裡一塊一塊點滴累積，慢慢帶過來的，非常不容易。

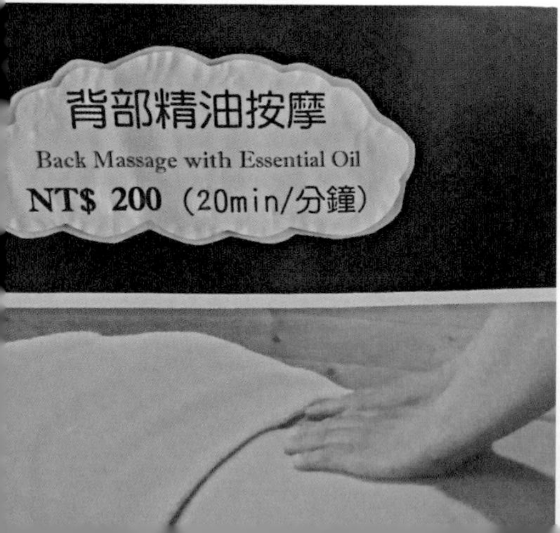

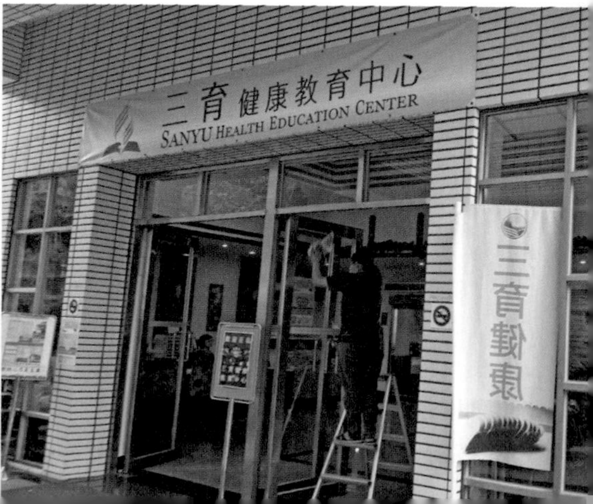

黄土屋
Far infrared Room

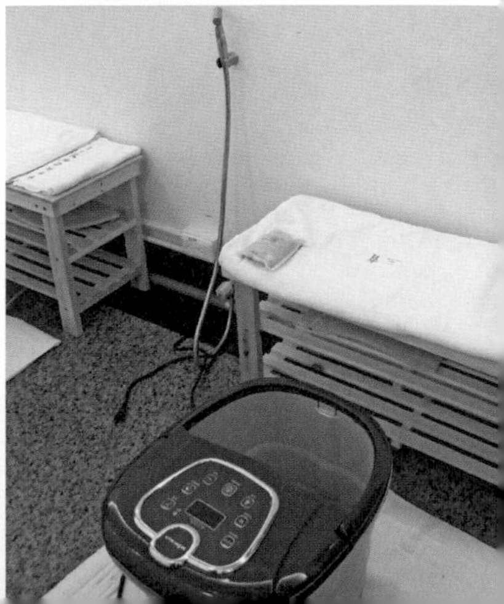

這樣好健康

除了地下一樓的養生舘水療室以外，在三樓尚有閱覽圖書室、肌肉體脂檢查室，以及視野非常棒、可以看到遠處山巒起伏的健身房，呼吸的是自然空氣而不是都市中的冷氣空調。健身設備從舉重、仰臥起坐、太空漫步機、跑步機、重力訓練機、腳踏車、呼拉圈、乒乓球桌到撞球桌等運動器材應有盡有。還有Inbody身體組成分析、肌肉脂肪測量等儀器。三樓觀景露台的一百八十度視角還能飽覽綿延交錯的中央山脈與千變萬化的山嵐，在這無論是拍全景照片，或坐在椅子上靜靜欣賞大自然，都是最棒的享受。

雖然發源於美國教會，但三育健康中心的宗教氣息完全不重，連十字架都不容易看到。除了每個月會有幾天的時間讓台安醫院的健康課程在健康中心進行，包括改善心臟病、三高等症狀的低溫烹調課程、體驗養生設備等，還

有不少醫界人士或銀髮族在這long stay。例如943在此住宿時，曾在大廳遇到一位常常來此長住的七十四歲女士，她說自己最早是因為參加台安醫院健康課程而來到這裡，十三天的營隊都照著課程安排運動、飲食，課程結束前驗血，發現不但血糖降了，體重也降三公斤，也因為控制飲食而及早從糖尿病的邊緣拉了回來。不但如此，她早年因退化性關節炎，膝蓋行走不便，每年都要打針才能走路，剛來長住時只能搭電梯，但在此住了一個多月後，每天放鬆散步、照著老師的建議做腿部鍛鍊操，膝蓋狀況變得相當良好，此後都會定期從外縣市來此長住，有一次我看到她上下樓梯果然健步如飛，很難想像之前竟然無法自行上下樓的樣子。

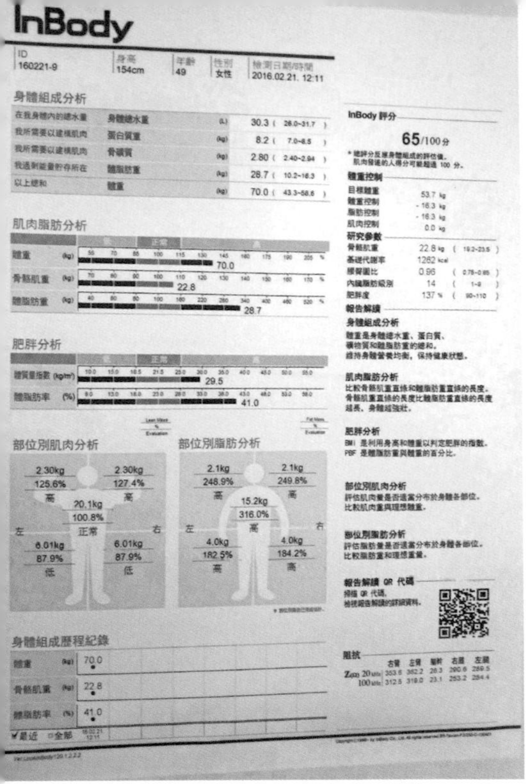

這樣好養生

三育健康中心內的餐廳每日提供由營養師設計的餐點，以「全食」蔬食為主，主要是蔬菜、水果、堅果等，清淡營養種類多元，早中晚餐都好吃，尤其是晚餐的蔬菜、濃湯和甜點，早餐的三育豆奶香醇好喝，無咖啡因卻有咖啡口感的養生豆漿麥茶也令人驚豔。沒有健康營隊時，住客在餐廳裡吃晚餐時都會彼此打招呼，十分親切，有些住客還因此成了朋友，常常一起聊天談心，感覺像是一個溫暖的大家庭，工作人員也都

非常和氣，不少人住過這裡之後，又常常嚷著「回娘家充電」，果然像一個小度假中心。

健康中心大廳中陳列不少健康養生書籍供人參考，其中《自然就會抗癌》這本書寫道：「其實每個人身體裡面都有癌細胞，但只要飲食起居自然，不是每一個人都會發展成癌症。」值得有志養生者深入閱讀。大廳中還陳列校內烘焙坊手工製作的各式麵包，常常到了傍晚就被買光。除此以外，健康中心還有資深的輔導師可接受諮詢，舉凡有健康、心靈、婚姻、親子等問題都可與培訓老師們深談。

周遭散心路線

距離魚池鄉不遠的桃米村有間用紙管做成的紙教堂，這是一九九五年日本阪神大地震時，當地一位建築師坂茂募資興建，只花五個星期就完工，藉以撫慰災民心靈的教堂。

地震復原後紙教堂功成身退，原地拆除後，飄洋過海到同樣也是大地震災區的台灣南投重建。

整間紙教堂只用五十八根紙管支撐，教堂的長椅也以巨大紙管製作，戶外還有荷花池及裝置藝術，坂茂建築師後來也於二〇一四年榮獲普立茲克建築獎。

住宿介紹

三育健康中心共有六十個房間，可住一百三十人。包含雙人房、家庭四人房（含客廳，兩房各一大床），雖說只是健康中心，但因為養生緣故而房內沒有電視，適合放空沉靜以外，其他一般飯店該有的設備幾乎都有，例如毛巾、拖鞋、面紙、電話、電水壺、吹風機、浴室毛巾料腳踏墊等。

由於是醫院長期合作的住宿中心，浴室內還有防滑扶手，適合行動不便或老人家住宿，也有投幣式烘乾機及洗衣機，新設置的Wi-Fi速度還不錯。由於位在廣大校園內，晚上非常安靜。

健康中心園區廣闊且種植許多植物，空氣新鮮且有許多禽鳥等小動物。四面群山環抱，遠眺素有小瑞士的中央山脈山景，像極了世外桃源。周圍還

有校園內令人心曠神怡的碧色如茵大草坪可散步，不少事業繁忙的人士偶爾會來此放鬆身心、享受大自然的洗滌、沉澱心靈，調解壓力，對身心靈健康都很有幫助。

平時除了接待台安醫院的健康醫學課程營隊以及long stay長住的住客以外，也有與中部醫療院所合作的養生營隊、壓力排除課程，偶爾也會有公司團體會議、同學會等，甚至鄰近佛寺的出家人和信眾也會前來此地住宿。

三育健康中心規畫的「全人健康體驗營」也被內政部選為十大宗教樂活體驗行程，有志樂活養生者也可考慮。

要注意的是每年六、七月間，日月潭萬人泳渡活動時期，客房常常很早就客滿，需要及早預訂。

總之，三育健康教育中心是風景不輸國外、飲食清淡又有各種健康養生設備的度假村，住宿可免費使用健身房、三個（大、中、小）游泳池、遠紅外線黃土屋、卡拉OK等多種設施，校園廣大可放鬆身心，適合銀髮族、全家大小、夫妻或閨密結伴、單人放空。

中心內也有提供給住客前往鄰近景點的接駁服務，真的是名符其實的養生度假村，例如：免費接送到魚池，再自行轉搭國光號往台中或台北，或轉

Tooth Brush 牙刷

搭台灣好行往日月潭周邊。如需接送服務，也可協助送至日月潭（水社、向山）單趟一車（四到六人）四百元、九族文化村三百元、埔里市區四百元、台中高鐵站一千三百元、包車半天四小時兩千兩百元、包車一天八小時四千至五千元。住宿者可以免費使用黃土屋、按摩椅、健身房、游泳池、卡拉ＯＫ等設施。部分需自費，例如：藥草泡腳機二十五分鐘兩百元、精油按摩一小時六百到一千元、檜木蒸氣箱二十分鐘四百元。一般進學校參觀要付門票三十元，若進來住宿則不需門票。

需特別注意的是，每週五下午五點半到週六下午五點半，休閒養生設施保養休館一天，養生室、黃土屋、健身房、游泳池、洗衣房須等到週六晚上才可以正常使用。安息日（週六）園區內禁止從事球類及娛樂等非宗教性活動。游泳池的開放月分為四月到十二月。

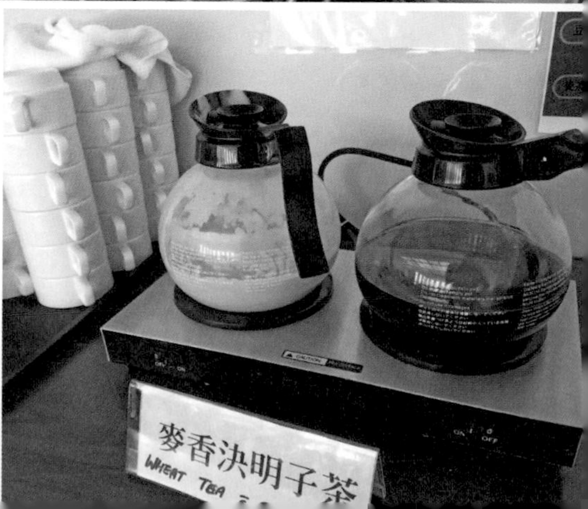
麥香決明子茶
WHEAT TEA

三育健康教育中心

南投縣魚池鄉瓊文巷 39-6 號　（049）289-9660 分機 9

E-mail：info@syhec.org.tw　http://www.syhec.org/syhec

參考網址

交通

自行開車：國道3號在霧峰交流道接國道6號，在埔里第一出口處下愛蘭交流道後，往埔里或魚池方向接台14線往魚池及日月潭方向，在台21線約56到57公里處左轉，直走入三育基督學院校區內到最底。

大眾運輸：搭乘國光號「台北日月潭」車資470元，至魚池站下車，台中出發可搭台灣好行。高雄出發可搭客運至埔里再轉車至三育神學院站下車或打電話請健康中心派車接送。

房型

類型	間數	清潔費	房內設備	房外設備
雅緻雙床套房（近山山景）	33	3000／間	冷氣、吊扇、衣櫥、衣架、桌椅、掛勾、紙拖鞋、電水壺、吹風機、電話、衛生紙	飲水機、洗衣房、電梯、免費Wi-Fi、游泳池、健身房、養生設施
優谷雙床套房（遠眺山景）	14	3200／間		
家庭套房（含客廳，兩房各一大床）	8	5600／間	除以上房內設施外另有冰箱、餐桌、流理台	

均含早餐，平日8折，加床600元，限加一床。晚上10:00為就寢時間，晚上9:00至清晨7:00間需保持安靜。

訂房

訂房	收費方式	門禁	盥洗備品	攜帶葷食	男女分房	停車場
需預約	開發票	除週六17：00入住外，一律15：00入住、11：00退房	提供牙刷、香皂、洗髮精、潤髮乳、沐浴乳、刮鬍刀、梳子、浴帽	禁葷食、禁菸、酒、檳榔、含咖啡因食品	無特別要求	3個遊覽車車位、34個小客車停車位

推薦指數

交通便利度	生活機能度	住宿舒適度	景觀怡人度	接待親切度
★★ 客運或開車	★★★ 中心內餐廳	★★★★★ 舒適乾淨、無障礙扶手	★★★★★ 風景優美、視野遼闊	★★★★★ 人員禮貌親切

總評：遼闊視野、又有養生設備的度假村。

GO TO 台南 TRAVEL

善知院

與自然結合的身心靈養生村

善知院原名為「白河達摩禪院」，在虎山里山區由三代中醫師傳承行醫已有二十多年的歷史，但特別的是不僅注重肉體的養生，更專注於身、心、靈的健康與均衡。園區內除了有禪堂、禪修活動、課程講座、養生餐廳、自然生態體驗，還有禪居可供住宿，不但是禪風的靜心所在，也是和自然共生的健康成長基地。

這樣就樂活

具有多元創意風格的善知院，其禪修活動也曾獲選為內政部二〇一三年「五大宗教樂活體驗行程」及二〇一七年「十大宗教樂活體驗行程」，目前善知院官網仍持續開放行程報名，包含陸續開辦的農禪、氣功禪體驗、節氣養生、生命劇場工作坊等特色活動。善知院由顏家父子兩代中醫師主持，院長顏傳修居士也是善知院禪修講座的講師。執行長顏紹丞雖然擁有西醫學士學位及中醫師資格，但有感白色巨塔的體制並不適合自己，取得美國自然醫學協會講師及國際催眠治療師資格後，回鄉繼承父志，將祖父顏文祥醫師創辦的善知院結合東西醫學精華，開啟多元化發展。

這樣好傳承

善知院結合佛學與養生的傳統，可往前追溯到五代祖先，執行長的高祖父顏天來大夫是福建莆田南少林旁的藥師。曾祖父顏國賢醫師為南少林的俗家弟子，也是與電影《葉問》同時代的武師，某次在新加坡的比武會中，對一位八卦拳打得相當敏捷靈巧的女子一見傾心，因此特地回中國考取全國國術考試第一名後，再赴新加坡提親，婚後兩人一起移居台灣，成為一段佳話。而祖父顏文祥醫師致力於回饋社會，長年捐贈醫療設施及十多輛救護車到偏遠地區，並創辦善知院。延續至今的顏家第四、五代，除了依循祖訓，結合中醫穴位的達摩易筋經等智慧結晶，也繼承先祖的志向，將代代相傳的氣功、養生、佛學等祖傳經驗，以生活禪的形式分享給眾人，期盼能在行走坐臥之時，都能增進身心靈健康。

這樣好健康

腹地廣大的善知院規畫了各種多元用途的活動與建設，包括禪修體驗、生態共生、課程講座、素食餐廳等。

禪修活動十分生活化，例如夏季禪堂活動有慢活螢火蟲之路、電影欣賞。秋季包含露營野炊、當季手作，冬季則有無能源排毒。各節氣還有易經氣功分享、當季創意美食、靜修充電、頭足保健、植物DIY等，從生活觀照禪修的體驗。

由於位處西拉雅國家風景區範圍內，園區坐擁豐富的生態，像是五色鳥、白鷺鷥、灰腹松鼠、螢火蟲等，也是體驗禪學「與自然合一」的絕佳地點，結合食農教育、節氣飲食保健講座、大地遊戲的農禪活動，還得到農委會及社區發展協會推薦。

院內的有機菜園也可出租「一坪農園」給民眾假日體驗農耕樂趣，平日代管照料農作物，收成後可帶回家或郵寄到府，相當有意思。養生課程講座更是包羅萬象，舉凡經絡保養、植物湯浴保健、氣功、養生操、節氣保健等知識，都是善知院傳承五代的知識結晶，由中醫講師親自傳授養生訣竅。

院內餐廳「如是齋」為蔬果素食餐廳，每日現採園區內種植的自然無毒新

鮮蔬果，無農藥也不施化學肥料。若為十五人以上團體，有提供中醫配方的藥膳自助火鍋。

平時則由執行長以中醫養生原理，依據不同節氣設計養生創意料理簡餐，例如夏季以白河盛產的蓮花梗、葉、根、果、花各部位入菜，秋天以五行精挑可增強抵抗力的各種養生菇類，冬季則以可禦寒的松子、減膩的竹筍、潤燥的梅子搭配。

尤其是春季的紫餡津生套餐，精選紫色蔬果例如紫玉米、紫色山藥、甜菜根、黑米、芋頭、樹葡萄、紫高麗菜、紫蘇、紫色地瓜葉等，因營養價值成分

高、當令在地、養生又環保而十分受歡迎。院區內未來規畫可開放讓民眾體驗藥草的戶外設施「藥草迷宮」，雖名為迷宮，但方向簡單不會迷路，只是會在沿途認識各種草藥，又是結合自然與養生的推廣體驗，寓教於樂。善知院代代傳承以身心靈知識濟世的宏願，想樂活養生的民眾，很適合來這個處處有禪味的小型養生村，給自己一個身心靈健康的假期。

周遭散心路線

鄰近的鹽水，可不只有元宵節蜂炮，更是近年十分熱門的月津港燈節所在地。若要認識鹽水小鎮，建議可先從八角樓附近、月津故事館旁邊可免費參觀的「月津文史工作室」開始，再漫步至附近老街。因為小小的老屋裡陳列許多鹽水的百年老照片，包括曾經非常興盛的藝旦等歷史影像。由於鹽水牛墟向來是匯集鄰近鄉鎮買氣的繁盛市集，當年不少人來此經商小賺一筆後，隨即順勢在老街上的酒家消費，因此鹽水在古早的年代聚集很多食肆和藝旦。

近年鹽水常有與在地社區結合的藝術節活動，在老街巷弄內常有利用閒置空地或廢棄空間完成的裝置藝術，閒逛之餘常有驚喜，十分適合拍照。

住宿介紹

善知院的住宿部門「日香瓦禪客居」雖然有個非常古典的名稱，但七間房間卻融合禪學和現代心理學，受過心理學訓練的執行長規畫了健康訂單、幸福之旅、成功配方、家庭支持系統、生死大戲等現代人生習題。

房間內依據不同人生觀點而有各自的壁畫、小故事、可愛玩偶、駐房小菩薩，甚至家庭主題房還有為增進家人感情而設計的桌遊，感覺就像住進溫馨的心靈諮商房，非常療癒，也能在精心設計的房間布置中探索內心。

為沉澱心靈，電視只設置在大廳。

從祖父輩就開始積極推廣泡腳養生的善知院，也製作了藥草足浴包，內含活血功效的艾草、澤蘭，以及能舒緩放鬆的桂枝、香茅等植物，讓住客泡腳抒壓、輕鬆入睡。

除了套房外，若是背包客、大家庭或團體，也可入住共可容納十六人的通鋪房。園區內也有池畔、坡區、棚區等露營區，有遮雨棚、洗碗台、桌椅、衛浴、插座等設備。

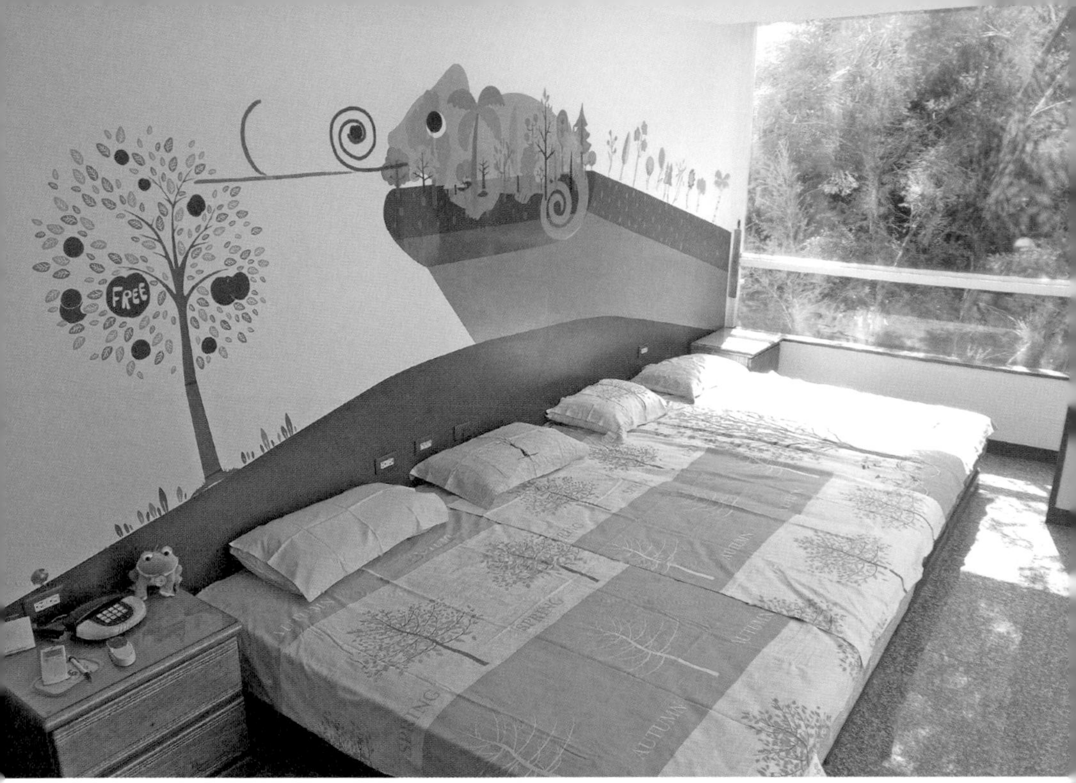
FREE
SPRING
AUTUMN

附近美食

意麵

鹽水還有遠近馳名的意麵，例如深受當地人喜愛且熱門到無法接受預約的阿桐意麵，和鄰近的阿妙意麵等店家。不像一般肉燥以肥肉居多，阿桐意麵的肉燥瘦肉為主，濕潤的肉燥搭配乾意麵非常美味，店內還有各式小菜可選。

一七五咖啡大道

鄰近的台南東山區從日治時期引進「阿拉比卡」咖啡品種種植，雖停產多年，但近年開始復耕。

由於氣候、海拔和日夜溫差非常適合咖啡生長，東山的台灣咖啡不但有本土獨有的香味，而且不澀、不苦、回甘、潤口又香醇，屢屢得到國際咖啡精品級認證，也深受市場歡迎，是目前台灣最大的咖啡產地之一。

由於產地之便，不少東山的咖啡小農在一七五市道沿途開設咖啡店及咖啡餐廳，也使這條路有了「一七五咖啡大道」的美名。每年秋季適逢咖啡產季時，公路沿線隨處可見紅色果實的咖啡樹、橘色的柳橙柑橘及翠綠的龍眼樹，煞是美麗，其他季節尚有櫻花、梧桐等，還能遠眺嘉南平原，十分賞心悅目。

本節圖片除P.210、212外，皆感謝善知院協助拍攝。

善知院

台南市白河區虎山里木屐寮37號　（06）683-1338

shanzhimonastery.weebly.com（每週二三公休時不開放住宿和參觀）

參考網址

交通

開車：國道三號下白河交流道往關子嶺經福懋加油站左轉。

搭車：高鐵嘉義站搭新營客運33或黃16-1路至白河轉運站，或台鐵新營站轉新營客運黃6-1至白河轉運站，轉運站內搭善知院接駁車（週四至週一固定班次13:10、15:10），15分鐘車程。或台鐵嘉義站轉嘉義客運7214至虎山里站下，約步行10分鐘可抵達。

房型

類型	間數	清潔費	房內設備	房外設備
幸福／超越雙人房（兩小床）	2	費用逕洽	空調、吊扇、吹風機、保溫壺、衣架、衛生紙、拖鞋、牙刷、香皂、洗髮精、沐浴乳、桌椅	飲水機、養生設施（無電梯）
成功三人房（一大一小床）	1			
健康四人房（大併床）	1			
支持四人房（一大兩小床、陽台）	1			
背包房（四小床）	1		同上，但無香皂及桌椅	
十六人通鋪	1		同背包房型，但無吊扇、衣架、牙刷	

1.主題套房附贈早餐，背包房及露營則有早餐半價優惠。用餐時間為早上八點。房內禁菸禁食。

2.露營兩區可容納六帳，草地紮營無棧板，有遮雨棚、洗碗台、桌椅、衛浴、插座，帳篷自備，300元/人或1000元/帳，停車加100元。

訂房

訂房	收費方式	門禁	盥洗備品	攜帶葷食	男女分房	停車場
需預約	感謝狀	21:00	房內有	禁葷食、菸酒檳榔	無，通鋪可分房	約22台

推薦指數

交通便利度	生活機能度	住宿舒適度	景觀怡人度	接待親切度
★★ 客運或開車	★★★ 院內有餐廳	★★★★★ 療癒有創意、舒適乾淨	★★★★★ 綠意盎然、視野遼闊	★★★★★ 親切有禮

總評：充滿禪風的身心靈生活園區。

北部兩天一夜小旅行

路線 1 北海岸走跳趣

北海岸緊鄰台北市，卻坐擁豐富的山海美景，可一路從海邊玩到山上，吃海鮮又能泡溫泉。周遭還有知名的老梅綠石槽、富基漁港、金山、野柳等知名景點，有各種海岸、登山步道及自行車道，非常值得利用週休假日時出門散心。

富貴角燈塔及老梅綠石槽

台灣最北的富貴角燈塔是日治時期興建的第一座燈塔，完工於一八九七年，主要功能是維持台灣往北船隻的航海安全。

由於秋冬季節時常大霧瀰漫，除了燈光以外，還在塔內設置「霧笛」方便往來行船辨識方向及避免相撞，音量可遠達七公里，也是全台灣唯一設有「霧笛」的燈塔。

造訪富貴角燈塔可搭乘「台灣觀

北觀處提供

巴」或「台灣好行——皇冠北海岸線」探尋三芝、石門金山周邊。首先造訪富貴角公園的「綠色隧道」及「老梅迷宮」，繼續走海岸步道約十分鐘，春季就能欣賞如夢幻地毯般的「老梅綠石槽」，沿途還有黑色巨大的「風稜石」，再走十多分鐘，出口就是可大啖海鮮的富基漁港。下午可繼續造訪周遭景點，例如麟山鼻、白沙灣、雙灣自行車道、石門洞等都可任選。

2 DAYS TO GO

野柳金山

野柳的地質景觀吸引不少國內外遊客，包括女王頭、仙女鞋、蜂窩岩、燭台石、豆腐岩等，若搭

大眾運輸可至白沙灣搭乘台灣好行至野柳，也有遊艇可從海外欣賞野柳及北海岸等景點。

中午逛金包里老街吃美食，買手工蛋捲、地瓜等名產，下午走累了即可在金包里公共浴室0元泡湯（需自備毛巾等用品），乘興而歸。

餐廳安排

第一天早上走富貴角燈塔，午餐可在富基漁港吃海鮮。晚餐可到頗有異國風情的淺水灣品嚐馬友友印度廚房的印度料理，日間途中可在極北藍點邊喝咖啡邊眺望海景，放空心情。

第二天可在金包里老街，吃有名的金山鴨肉等小吃。

住宿安排

晚上入住三芝八仙宮，但大眾運輸較不方便，建議自備交通工具，或計算好交通時間搭乘三芝接駁公車到三芝街上轉乘。

體驗安排

北海岸的節慶包括元宵時的野柳神明淨港文化季，有媽祖、開漳聖王、周倉將軍和土地公等神明出巡，淨港儀式包括壯丁扛神轎躍入漁港祈福，並與神明一同過火三巡。

三月初春時分可在三芝青山路和大湖路賞櫻、暑假期間有金山甘藷節和金

山沙灘蹦火音樂季，夏季若海況允許，建議出海欣賞全世界碩果僅存的「蹦火仔磺火捕魚」，可留意當地旅行社推出的行程。秋季還有北海岸國際風箏節、三芝筊白筍節等熱鬧活動，都值得參加。

路線 2 新竹內灣祈福行

舊名「竹塹城」的新竹，在火車站周邊就有很多好拍的古蹟、好逛的景點和好吃的美食，包括新竹火車站本身就是台灣現存最古老的火車站。從充滿巴洛克風格的車站轉車到內灣搭小火車，除了人文歷史以外，還多了些許自然美景，非常適合喜歡文創及懷舊風格，且搭乘大眾運輸的朋友們。

建議行程

1 DAY TO GO

新竹城隍廟

搭乘火車從新竹火車站出來後，可參觀火車站周邊的辛志平校長故居、新竹鐵道藝術村、迎曦門、新竹州廳（現為新竹市政府）、進士第、鄭氏家廟等景點。也可選在週五傍晚搭火車到新竹火車站，一路走到長和宮放行李，就能去城隍廟吃小吃，度過週末的夜晚。

內灣戲院
用餐免費看老電影
團體合菜
客家風味小吃
內灣車站
內灣車站
Neiwan Station
出口
Exit
內灣
Neiwan

2 DAYS TO GO

內灣支線

早上先欣賞長和宮和水仙宮的傳統建築及參觀文教大樓內的文物館展覽，再從新竹火車站轉乘內灣支線的區間車至竹中站，再轉乘至內灣站。火車站旁就是內灣老街，可沿途閒逛內灣戲院、劉興欽漫畫教育博物館、內灣吊橋等。

建議走到古色古香的內灣派出所，不但可以拍到內灣車站與火車同框的景象，旁邊的文創咖啡店及商店也頗有看頭，例如好客好品希望工場。

逛完內灣，還可搭公車到尖石泡溫泉，一面欣賞群山環抱的美景，一面享受會讓皮膚滑溜溜的碳酸氫納泉，實在愜意。

餐廳安排

新竹城隍廟知名的小吃非常多，門庭若市的店家包括城隍廟前的海瑞貢丸、柳家肉燥飯、鄭家魚丸燕圓、阿誠號新竹米粉等。周邊餐廳也是人氣爆棚，像是許二姐鴨肉、廟口鴨香飯、郭潤餅、阿忠肉圓、西大發城隍包的爆漿珍珠奶茶包、北門

炸粿、新復珍竹塹餅等。內灣午餐可在老街自由尋覓小吃，或在大嬸婆私房菜品嘗客家鹹豬肉、客家小炒、薑絲大腸、梅乾扣肉等客家料理。若到尖石泡完美人湯，可在錦屏美人湯的餐廳享用慈禧太后最愛的養顏美容聖品——富含膠質的鱘龍魚套餐，尤其是龍肉陶板燒及起司鱘魚燒特別美味，從裡保養到外。

住宿安排

長和宮金長和水仙文教大樓。

體驗安排

內灣老街上的「彭老師野薑花粽創始店」，可別只買了粽子就走，因為這裡還能體驗包野薑花粽和草仔粿ＤＩＹ，輕輕揉捏外皮再放入製作好的白蘿蔔絲，便能製作出不同造型的草仔粿。

再將野薑花葉折成角狀，裝入油飯，蒸好後，野薑花清新的香氣全都濃縮在小小的粽子中，唇齒留香，令人難忘，短短半個小時內體驗自己製作兩種客家美食的樂趣。

體驗需要事先預約，可兩種ＤＩＹ一起做，十分有趣。還有內灣車站後方文創空間也有絹染體驗、做杯墊等活動，不可錯過。

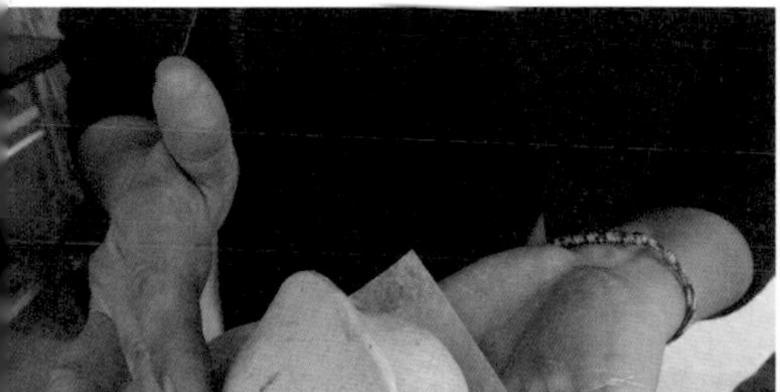

中部兩天一夜小旅行

路線 1 神學院森呼吸

被譽為「最美綠地校園」的三育基督學院就像世外桃源，校園占地五十二公頃，校園被翠綠群山環抱，林蔭大道和木屋教堂組成的美景被譽為小瑞士，不但是戲劇取景和網美打卡拍照的聖地，還有宛如度假村一般的設施，校內許多角落都像極了國外，可在此呼吸芬多精，度過忘憂的週末。

建議行程

DAY 1 TO GO

校園森林浴

白天可盡情在校園內散步，例如林蔭小徑、教堂、小白宮及大草坪，一面眺望遠景一面悠閒的喝下午茶。

若入住健康中心，則可在樓上一面望著美麗的遠山，一面使用健身器材，或打乒乓球、在游泳池內玩水等。晚上可使用健康中心裡的多種養生設施，例如近似韓國汗蒸幕的「黃土屋」、多種按摩器材或水療設備等。

記得效法附近居民到校內烘焙坊買手工麵包當明日旅途中的點心，像是全麥麵包或吐司、香蕉蛋糕等，尤其是香味四溢的肉桂捲，是美國傳教士傳授的傳統手工麵包，物美價廉，扎實又好吃。

紙教堂、眉溪部落

用完早餐後，前往埔里的紙教堂參觀，這是在阪神大地震後中發揮功能、用五十八根紙管支撐的幾何線條教堂，周邊池塘夏天可賞荷。

再前往位於南投縣仁愛鄉南豐社區，屬於賽德克族的「眉溪部落」，中午品嘗原住民料理後，可穿上賽德克族傳統服飾參觀該族傳統家屋，以及體驗射箭，非常有趣。

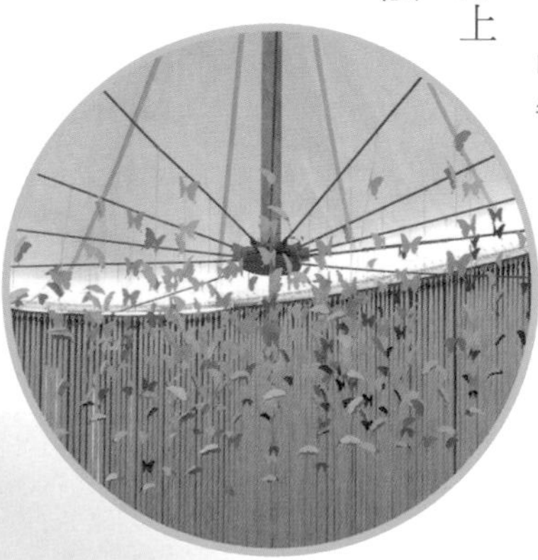

餐廳安排

第一天可在三育基督學院健康教育中心的餐廳裡享用蔬食養生餐，讓腸胃休息一下，美味不輸葷食。

第二天午餐可到眉溪部落的「原夢餐廳」品嘗原住民風味餐，常見菜色包括由紅豆、糯米、小米燉煮十二小時的「公主飯」、馬告烤山豬、樹豆排骨湯、涼拌檳榔花等天然無毒食材做成的料理。

住宿安排

三育基督學院健康教育中心，或三育基督學院橘林宿舍。

體驗安排

「原夢餐廳」有設計半日遊行程，不到兩千元就吃到原住民料理、體驗賽德克族傳統服飾、參觀賽德克族家屋和體驗射箭。

射箭體驗請來曾在《賽德克巴萊》電影中飾演莫那魯道二兒子的李世嘉（族名Pawan）老師教學，電影中使用的傳統弓也是由身為賽德克族弓箭製造家族的李老師父子，以傳統工法製作而成，還曾得過世界傳統弓大賽冠軍，老師的講解生動有趣，賽德克傳統弓也比國外其他民族的弓箭容易上手，值得體驗。

路線 ❷ 悠遊小鎮財神居

昔日曾靠海的雲林北港，舊名「笨港」，也是台灣燈會的發源地，數百年來以朝天宮媽祖周邊相關延伸的宗教工藝及傳統民俗而為人所知，二〇一九年獲選為「台灣經典小鎮」。由於遊客稀少，小鎮純樸且街上少有商業氣息，值得來此體驗原汁原味的在地人生活起居和慢活步調。

建議行程

1 DAY ·TO GO·

北港小鎮

前往北港，可從台北或台中搭客運直達北港，或搭高鐵至雲林站轉台灣好行北港虎尾線或台西客運301、搭火車至斗六站轉台西客運7123、7124，或台灣好行北港虎尾線至北港。若在北港站下車或自駕，可先參拜北港朝天宮，逛周邊老街、造訪曾得過建築首獎的北港女兒橋，再步行約二十至三十分鐘抵達北港武德宮。若從台北搭統聯或從斗六搭台西客運，可直接在「五路財神廟」站下車，前方就是北港武德宮，將行李放入三學舍，再和櫃台借腳踏車漫遊北港小鎮，尋訪北港朝天宮、朝天宮文物館、北港老街。若時間足夠，可安排於第一日造訪距離武德宮不遠的北港春生活博物館。

DAYS TO GO 2

北港水道頭文化園區

隔天先到武德宮虔心祈福求財，再和三學舍借腳踏車到北港市區，體驗小鎮風情。

本日重點行程可選位在北港老街旁的北港水道頭文化園區，已有將近百年歷史，日治時期為自來水廠，其中紅磚抽水機房充滿古典的美感，還有知名打卡景點「十角水塔」，上方是蓄水塔，樓下為辦公空間，現在做為北港遊客中心，也可在此借腳踏車逛遍北港小鎮。

出了園區，老街旁的振興戲院可免費參觀、喝茶、歇息。附近的北港工藝坊曾為雲林稅務分局舊宿舍，除了宗教工藝品展覽外，藝閣花車和鄰近的北港甕牆也非常值得一看。

餐廳安排

北港目前觀光客還不多，美食都是在地人日常三餐的小吃攤，例如麵線糊、煎盤粿、油飯、鴨肉麵線、肉羹等。比較特別的有北港知名的「老等油飯」，可買口感濕潤特別的油飯和北港特有的麵線糊。

乾麵可去擠滿當地人的五十年老店「田中麵店」，肉燥味道好吃獨特，但建議避開用餐時刻，可點意麵、滷肉飯、筒仔米糕、乾麵配魚丸湯。要注意的是，北港大小飲食店大多於週二休息，建議事先確認營業時間，或避開週二停留北港。

住宿安排

北港武德宮三學舍。

體驗安排

若想體驗穿古裝拍照，可至北港工藝坊有古裝和頭飾可借穿拍照，還有工藝DIY教室。

若想體驗木工DIY，可考慮北港春生活博物館，前身是有七十年歷史的「盛椿木業」，館內展出一些裝置藝術及傳統木製家具，體驗活動包括版畫及製作筷子。

若適逢元宵至農曆三月的「北港藝鎮文化季」，可留意北港元宵燈會、北港巷弄燈會及北港朝天宮迎媽祖「真人藝閣」遶境等系列活動。

南部兩天一夜小旅行

路線 1 台南幸福山水行

關子嶺是世界少有的泥漿溫泉，全世界只有關子嶺、日本鹿兒島和義大利西西里等少數景點有礦泥溫泉而已，值得體驗。

走一趟台南不只樂山，還可親水，在舊建築保存良好的鹽水小鎮逛老街、看月津港水上燈節，再泡個溫泉或藥浴，讓心情水之又水。

建議行程

DAY 1 TO GO

鹽水月津

近年因月津港燈節而聲名大噪的月津，曾是繁華一時的小鎮，有著「一府、二鹿、三艋舺、四月津」的稱號。小鎮可從鹽水月津港旁的橋南老街開始尋幽訪勝，包括已家傳兩百年的泉利打鐵鋪、橋南歷史文物館、八角樓、融合東西風格的鹽水天主堂、月津故事館，以及有許多老照片可免費參觀的月津文史工作室，想歇歇腳就到老字號的銀鋒冰菓室，啜飲別有特色的西瓜檸檬汁。若正值鹽水藝術節，晚上小巷內也有藝術家的創作地景可以給你一個驚喜。

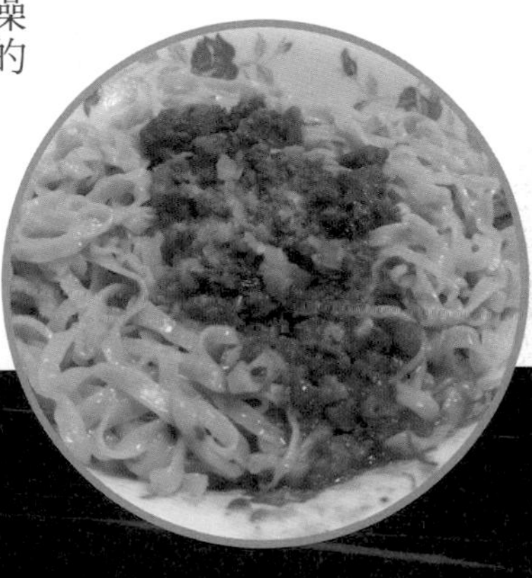

2 DAYS TO GO

關子嶺

關子嶺從日治時期就開始興盛，可說是台灣最有日本溫泉老街氛圍的景點了。

近年關子嶺增加了不少新景點，例如天梯、火王爺廟等，若想走過所有景點，建議可一路從嶺頂公園和大成殿散步至吳晉淮廣場，緬懷曾寫出〈關子嶺之戀〉〈不想伊〉等膾炙人口歌曲的作曲家吳晉淮，再至二截彎和溫泉谷拍照，走下新好漢坡到寶泉露頭，散步至閑雲橋、溫泉老街，走天梯上到火王爺靈泉露頭和火王爺廟，再爬好漢坡回到嶺頂公園附近的餐廳街。

若腳力不堪負荷，可先在山下停車場停車，逛寶泉橋、閑雲橋、溫泉老街後，再開車至嶺頂公園逛大成殿、吳晉淮廣場，也可在嶺頂公園搭乘台灣好行或台南公車黃12、黃13路從山上回到寶泉橋或反方向前進。

餐廳安排

可在善知院內的如是齋用餐，品嘗當季蔬食健康簡餐或歐式自助養生火鍋。

若在鹽水小鎮吃午餐或晚餐，當然要吃有名的鹽水意麵，生意很好的阿桐意麵分量不小，但因人潮眾多不開放預約，只能到現場點菜。除了意麵以外，還可加點滷味、湯品等搭配。

住宿安排

入住白河善知院，也可體驗藥浴和足浴。

體驗安排

元宵節時可體驗被列為「世界三大民俗慶典」的鹽水蜂炮，瘋元宵找刺激，體驗萬炮齊發的盛況。若喜歡靜態賞燈，元宵期間也可留意評價越來越高的月津港燈節，藝術創作結合自然地景和夜色，十分迷人。

關子嶺溫泉美食節通常在每年九月舉行，有強強滾的慶典活動，包括日本浴衣體驗、光影秀、花燈夜間遊行、假日市集、舞台表演等，越夜越熱鬧。

善知院提供

台南市觀旅局提供

善知院提供

路線 2 月世界小旅行

很多人以為月世界是高雄專屬的景點，但其實月世界位於台南與高雄交界，也是不用出國就能欣賞的惡地奇景。龍崎與內門附近有被稱為清代台陽八景的「雁門煙雨」，下雨時水氣與地面熱氣蒸騰形成煙雨濛濛的景象，像極了山水畫。

附近的龍崎區為竹子與水果產地，山上區的花園水道博物館和左鎮化石園區等，都是規畫用心、評價很高的景點。

建議行程

DAY 1 TO GO

月世界龍崎

從高鐵台南站租車前往內門靈隱寺，
此視角可欣賞月世界的白堊地形，並就近在月世界旁的牛埔農塘及水土保持教學園區遊覽。

午後可在龍崎區的崎聚農創市集做竹編ＤＩＹ體驗，在老街旁的貓咪階梯拍照，或到旁邊虎形山公園望龍吊橋步道，小走半小時的短程路線。

走累了就回到竹炭故事館吹冷氣、吃竹炭冰淇淋、逛竹炭周邊產品，傍晚離開龍崎市區，開車前往有動漫英雄守護的龍崎文衡殿，朝聖寺廟大殿內的鋼鐵人、綠巨人與變形金剛等電影英雄。晚餐時間若還想要有活動，可以到旗山老街逛逛。

2 DAYS TO GO

山上水道花園博物館、左鎮化石園區

早上可以晚點起床，再悠哉前往左鎮化石園區認識挖掘於左鎮的化石、館內超過四千件收藏，午餐後可以到一開幕就有超高人氣的山上花園水道博物館參觀，一百年前的這裡是自來水潔淨工程的工廠，園地占地三十多公頃，戶外有碧草如茵的綠地及古色古香的建築可散心，室內也有豐富的互動式展覽可參觀及拍照，走走看看就能在此度過美好的下午。

若正值四月，還能趕上楠西梅嶺賞梅、賞油桐花，甚至賞螢火蟲，享受山間的寧靜，就是賞心悅目的山林二日遊。

餐廳安排

第一天中午可在龍崎區崎聚農創市集或街上用餐，有小吃和當地農產品，例如竹筍、鳳梨、蝶豆花等，品嘗小吃需要事先預約。晚上到宛如夜市般小吃林立的旗山老街尋訪美食。第二天午餐可在台20線省道上的左鎮平埔族美食館吃山產、多汁的蒜香烤雞和藥膳燜燒雞（鋼管雞）。

若去梅嶺可吃梅子雞大餐，例如福來餐廳，有口碑不錯的獨創薑黃雞和東坡肉等，但建議最好避開用餐尖峰時間。

住宿安排

可選擇高雄內門紫竹寺至善會館，或杉林區的真福山社福文教中心，也可就近在龍崎文衡殿露營。

體驗安排

日治時期因盛產竹子而成為當時家具主要製造中心的龍崎，在市中心農創市集旁的龍崎采竹生活館不但展示許多竹藝製品，還可預約竹編DIY的體驗，大約一百多元就能學習用竹子製作生活小器具，可體驗傳統竹編技術，以及龍崎曾為竹編器具盛產地的往日風華。

國家圖書館出版品預行編目資料

神住宿：超值星級體驗，精選全台13間寺廟、教會／943 著.
-- 初版. -- 臺北市：圓神出版社有限公司， 2021.01
256 面 ；14.8×20.8公分. -- （圓神文叢；288）
ISBN 978-986-133-737-1（平裝）

1.臺灣遊記 2.寺廟

733.61 109017576

Eurasian Publishing Group
圓神出版事業機構
用心閱讀你對話．綠野無限寬廣
圓神出版社
Eurasian Press

www.booklife.com.tw reader@mail.eurasian.com.tw

圓神文叢 288

神住宿：超值星級體驗，精選全台13間寺廟、教會

作　　者／943
發 行 人／簡志忠
出 版 者／圓神出版社有限公司
地　　址／臺北市南京東路四段50號6樓之1
電　　話／（02）2579-6600 · 2579-8800 · 2570-3939
傳　　真／（02）2579-0338 · 2577-3220 · 2570-3636
總 編 輯／陳秋月
主　　編／賴真真
專案企劃／沈蕙婷
責任編輯／歐玟秀
校　　對／歐玟秀 · 林振宏
美術編輯／林雅錚
行銷企畫／陳禹伶 · 鄭曉薇
印務統籌／劉鳳剛 · 高榮祥
監　　印／高榮祥
排　　版／陳采淇
經 銷 商／叩應股份有限公司
郵撥帳號／18707239
法律顧問／圓神出版事業機構法律顧問　蕭雄淋律師
印　　刷／國碩印前科技股份有限公司
2021年1月 初版

定價 390 元 ISBN 978-986-133-737-1